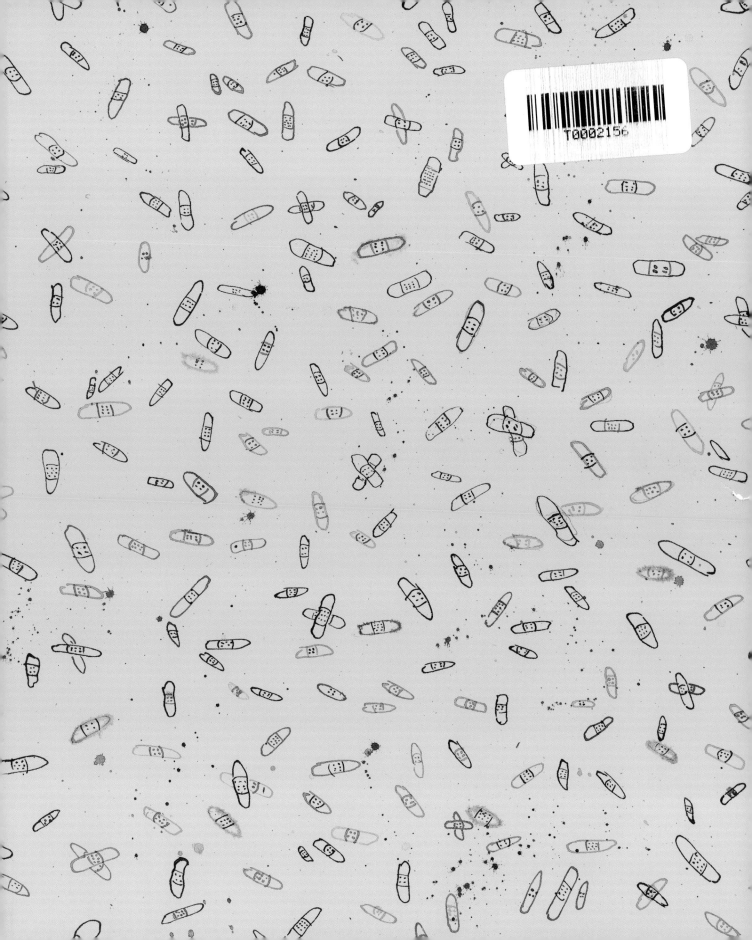

Goossens, Jesse, 1969-
    Hemorragias arteriales + Océanos desbordados : Qué hacer en
caso de pequeñas emergencias y grandes desastres / Jesse Goossens ;
ilustraciones Linde Faas ; traducción Violeta Alejandra Villalba. --
Edición Alejandra Sanabria Zambrano. -- Bogotá : Panamericana
Editorial, 2021.
    96 páginas : ilustraciones ; 26 cm. -- (Ápeiron)
    Título original: Spuitende slagaders en overstromende oceanen.
    ISBN 978-958-30-6282-7
    1. Primeros auxilios 2. Hemorragias 3. Prevención de accidentes
4. Desastres naturales I. Faas, Linde, ilustrador II. Villalba, Violeta
Alejandra, traductora III, Sanabria Zambrano, Alejandra, editora
IV. Tít. V. Serie.
614.88 cd 22 ed.

Primera edición en Panamericana Editorial Ltda.,
marzo de 2021
© 2017 Lemniscaat, Rotterdam, Países Bajos
Publicado primero en Países Bajos, con el título
Spuitende slagaders & overstromende oceanen
Textos © 2017 Jesse Goossens
Ilustraciones © 2017 Linde Faas
© 2020 Panamericana Editorial Ltda.,
de la versión en español
Calle 12 No. 34-30. Tel.: (57 1) 3649000
www.panamericanaeditorial.com
Tienda virtual: www.panamericana.com.co
Bogotá D. C., Colombia

Editor
Panamericana Editorial Ltda.
Edición
Alejandra Sanabria Zambrano
Traducción del inglés
Violeta Villalba
Diagramación
Martha Cadena, Luz Tobar

ISBN 978-958-30-6282-7

Impreso por Panamericana Formas e Impresos S. A.
Calle 65 No. 95-28. Tels.: (57 1) 4302110 - 4300355. Fax: (57 1) 2763008
Bogotá D. C., Colombia
Quien solo actúa como impresor.

Impreso en Colombia - *Printed in Colombia*

JESSE GOOSSENS Y LINDE FAAS

HEMORRAGIAS ARTERIALES + OCÉANOS DESBORDADOS

QUÉ HACER EN CASO DE PEQUEÑAS EMERGENCIAS Y GRANDES DESASTRES

TRADUCCIÓN DE VIOLETA VILLALBA

PANAMERICANA
EDITORIAL
Colombia • México • Perú

Contenido

PREFACIO DE SU ALTEZA REAL, LA PRINCESA MARGARITA DE LOS PAÍSES BAJOS

Niñas y niños:

Por fortuna, los desastres y las emergencias no suelen ser comunes para nosotros. Tampoco solemos pensar en lo que deberíamos hacer en situaciones como esas. Pero, en realidad, ¡debemos estar preparados!

He sido voluntaria de la Cruz Roja por mucho tiempo. La Cruz Roja brinda asistencia a las personas que han sido afectadas por un desastre o un conflicto armado. Lo hemos hecho durante más de 150 años y para todos los habitantes del mundo, sin importar quiénes son o dónde se encuentren. Una forma en que lo hacemos es proporcionando alimentos, carpas y cobijas, por ejemplo. Durante todos estos años, hemos aprendido que no solo debemos ayudar después de un desastre, sino que es mejor actuar de antemano. Es esencial estar preparados para situaciones de emergencia y así incrementar las probabilidades de supervivencia. Y no solo para ti, sino también para las personas que te rodean.

Ya sea un desastre lejos o cerca de tu casa: de hecho, solo imaginar las medidas que puedes tomar resulta algo muy emocionante. Es cuestión de utilizar tus conocimientos, tus habilidades y tus propias ideas para emprender acciones personales. Este libro ofrece una gran cantidad de información sobre los desastres, así como ideas útiles de cómo actuar en respuesta a estos eventos. Este no es un libro oficial de primeros auxilios, sino más bien una herramienta para saber cómo actuar de manera pertinente. También contiene un montón de cosas prácticas, como la forma de armar kits de emergencia y lecciones y ejercicios de primeros auxilios. Por nombrar algo simple: ¿mantienes botellas de agua en tu casa, en caso de que los grifos de repente dejen de funcionar?

Después de leer este libro, tendrás una idea general de lo que hay que saber sobre los desastres, qué puedes hacer y cómo prepararte para eventos que todos esperamos nunca sucedan. Para que tengas la oportunidad de ayudarte a ti mismo y a los demás si es necesario. La Cruz Roja aspira a que todos estemos listos para una situación de emergencia.

¡Tú también puedes hacer algo!

PRINCESA DE LOS PAÍSES BAJOS
Miembro honorario de la Cruz Roja en los Países Bajos

LAS 4 REGLAS BÁSICAS

Los desastres vienen en muchas formas y tamaños, pero hay 4 reglas que aplican en todos los casos. Saber estas 4 reglas de memoria es un buen primer paso para aprender a reaccionar a lo que pueda suceder.

Importante: siempre verifica si hay adultos cerca que puedan ayudar. No hagas nada a menos que no haya otra persona que te asista.

1. Enfócate en la seguridad

Comprueba si estás en peligro. Si es así, ponte a salvo. ¿Hay otros en peligro? Díselo y ayúdalos si es necesario.

¿La víctima está en peligro? Si es así, llévala a un lugar seguro. Si no hay peligro inmediato, no muevas a la persona; aún no sabes qué le pasa y moverla podría empeorar su situación.

2. Verifica qué pasó y qué le sucede a la víctima

Primero, intenta descubrir qué sucedió. A veces puedes saberlo por el entorno o los objetos que se encuentran cerca de la víctima.

Después de esto, no antes, debes ver qué le pasa a la víctima: necesitas saber qué sucedió para brindarle la ayuda que necesita.

3. Llama al teléfono de emergencias si es necesario

En caso de accidentes en la calle, siempre llama al teléfono de emergencias. Pide ayuda tan pronto veas que alguien la necesita. Si no hay adultos cerca, llama al teléfono de emergencias tú mismo.

Determina lo que se requiere de inmediato: una ambulancia, el cuerpo de bomberos, la Policía... El personal del servicio de llamadas de emergencia puede prestarte una mejor ayuda si explicas la situación de forma clara y tranquila.

4. Atiende a la víctima

Aun si no puedes mover a la víctima, puedes, por ejemplo, ponerle una cobija para mantenerla abrigada, cubrirla con una sombrilla si está lloviendo o protegerla del viento.

Descarga la aplicación de primeros auxilios de la Cruz Roja. También necesitas leer el resto de este libro, pues cada desastre requiere un tipo de ayuda diferente.

¡Buena suerte!

P. D.: Los desastres pueden sucederle a cualquiera; no importa si eres joven o anciano, alto o bajito, si eres niña o niño, ni tampoco el lugar donde naciste. En este libro, por lo general, usaremos el término "víctima" para referirnos a la persona que ha sido afectada por algún desastre grande o pequeño.

DESASTRES EN LA CASA Y CERCA DE ESTA

REANIMACIÓN

Cuando ocurren desastres graves, es posible que necesites saber cómo reanimar a una persona. Si no hay adultos cerca, siempre llama primero al teléfono de emergencias cuando alguien haya perdido el conocimiento y no responde si le hablas o lo sacudes.

Si la víctima deja de respirar, puedes intentar reanimarla hasta que llegue la ambulancia.

1. Pon a la víctima de espaldas.
2. Cerciórate de que sus vías respiratorias no estén obstruidas. Para esto, mueve con cuidado su cabeza hacia atrás y levántale el mentón con dos dedos (esto se llama maniobra frente-mentón).
3. Observa y escucha durante 10 segundos: ¿puedes oír o ver que la persona respira? ¿No? En ese caso, comienza a hacer compresiones torácicas.
   - Arrodíllate junto al pecho de la víctima.
   - Pon la palma de una mano en el centro del pecho.
   - Pon la palma de la otra mano sobre la primera mano que pusiste.
   - Entrelaza los dedos y asegúrate de que estos no toquen el pecho.
   - Estira los brazos de modo que tus hombros estén directamente encima de las manos.
   - Presiona el esternón para que se hunda unos 5 o 6 centímetros.
   - Permite que el esternón se retraiga por completo, pero no le quites las manos del pecho a la víctima.

4. Haz esto 30 veces; unas 2 veces por segundo.
5. Haz la maniobra frente-mentón.
6. Aplica la respiración boca a boca:
   - Sopla tu aliento en su boca por 1 segundo.
   - Verifica si su pecho se eleva cuando lo haces.
   - Deja que la víctima exhale.
7. Hazlo una vez más.
8. Repite el procedimiento: 30 compresiones torácicas, 2 respiraciones boca a boca.

CÓMO HACER UN BOTIQUÍN DE PRIMEROS AUXILIOS

Asegúrate de tener siempre un botiquín de primeros auxilios. Ubícalo en un lugar de fácil acceso en la casa, deja otro en el auto de tu papá o tu mamá y recuerda llevar siempre uno cuando vayas de vacaciones.

Este kit debe contener (contenido estándar para 2 adultos y 2 niños):

- los medicamentos que los miembros de tu familia necesitan de forma imprescindible
- los teléfonos de los servicios de emergencias
- un paquete de 25 curitas de varios tamaños
- un rollo de esparadrapo
- dos rollos de vendas
- dos rollos de vendas elásticas
- cinco gasas estériles de 5 × 5 cm
- cinco gasas estériles de 10 × 10 cm
- una botella de desinfectante
- una máscara para dar respiración boca a boca
- un par de pinzas para garrapatas
- un par de tijeras
- un depilador
- un termómetro (que no sea de mercurio)
- una caja de acetaminofén
- 2 pares de guantes de látex, desechables
- una linterna con pilas nuevas
- opcional: una manta térmica (de esas delgadas que abrigan mucho)

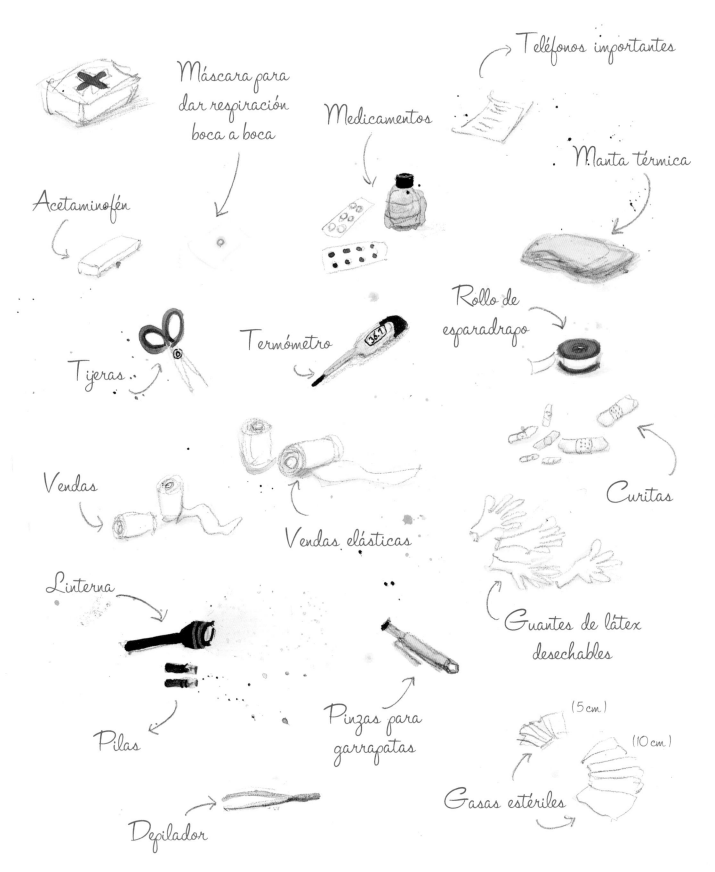

Máscara para dar respiración boca a boca

Medicamentos

Teléfonos importantes

Manta térmica

Acetaminofén

Rollo de esparadrapo

Tijeras

Termómetro

Curitas

Vendas

Vendas elásticas

Guantes de látex desechables

Linterna

Pilas

Pinzas para garrapatas

(5 cm)

(10 cm)

Depilador

Gasas estériles

FRACTURA DE HUESOS

EXTRAORDINARIO Robert Craig "Evel" Knievel fue un acróbata estadounidense. En especial fue famoso por saltar grandes distancias en su motocicleta y sobre objetos peculiares, como una caja de 6 metros de largo llena de serpientes de cascabel; también saltó sobre 2 pumas, 14 autobuses, un barranco, una gran fuente en Las Vegas...

Sus últimos 2 saltos salieron mal, y no fueron los únicos. Evel Knievel sufrió 433 fracturas en 35 huesos diferentes a lo largo de su vida: desde el cráneo, la nariz y todas las costillas, hasta las caderas, la espalda, las muñecas, los tobillos y los dedos de los pies. Incluso entró en el libro *World Record Guinness*.

Por fortuna, sobrevivió a todas sus acrobacias. Lo que finalmente le causó la muerte fue una enfermedad pulmonar.

¿SABÍAS QUE...?

- Las caídas son los accidentes más comunes. Y, claro está, caerse puede ser suficiente para que un hueso se rompa.
- Hay 5 tipos de fracturas óseas:
    1. FRACTURAS TRANSVERSALES: el hueso se rompe en línea recta.
    2. FRACTURAS MÚLTIPLES: el hueso se rompe en varios lugares.
    3. FRACTURAS OBLICUAS: el hueso se rompe en diagonal.
    4. FRACTURAS EN ESPIRAL: el hueso se tuerce hasta que se rompe.
    5. FRACTURAS EN TALLO VERDE: el hueso está roto, pero el periostio (la membrana que recubre el hueso) todavía está entero.

- Los adultos tienen alrededor de 206 huesos en su cuerpo. Los bebés nacen con hasta 350 huesos, pero algunos de estos se fusionan con el tiempo.
- Los 5 huesos que se rompen con mayor frecuencia son el húmero (el hueso del brazo), el radio (el hueso del antebrazo por el lado del pulgar), el cúbito (el otro hueso del antebrazo), la tibia (la canilla) y el peroné (el hueso de la pantorrilla).
- El hueso que más duele al romperse es el fémur (hueso del muslo).

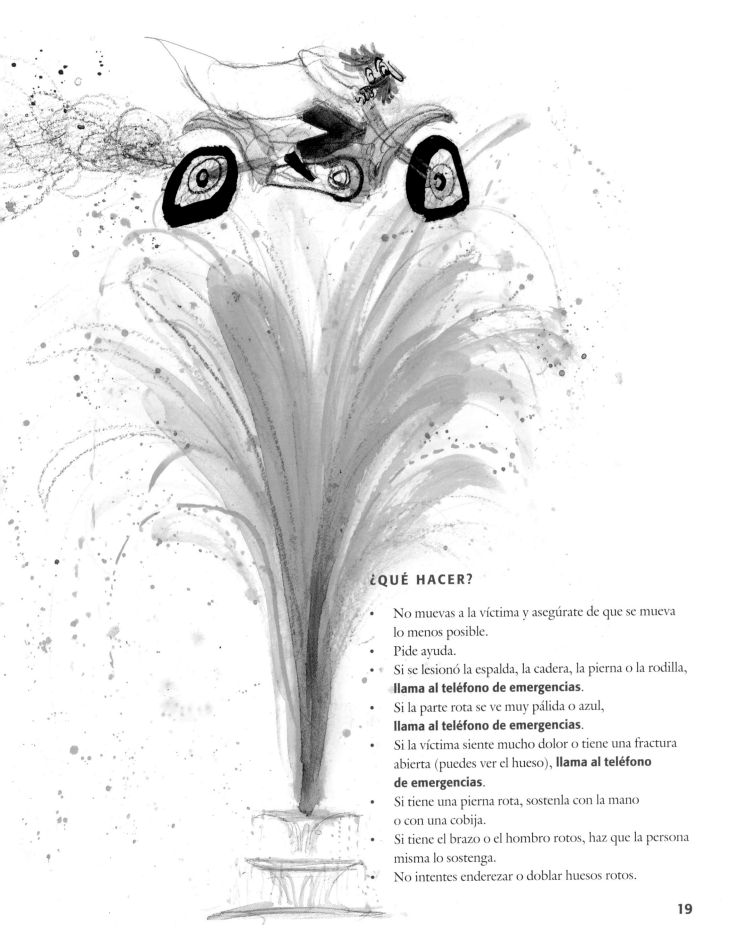

¿QUÉ HACER?

- No muevas a la víctima y asegúrate de que se mueva lo menos posible.
- Pide ayuda.
- Si se lesionó la espalda, la cadera, la pierna o la rodilla, **llama al teléfono de emergencias**.
- Si la parte rota se ve muy pálida o azul, **llama al teléfono de emergencias**.
- Si la víctima siente mucho dolor o tiene una fractura abierta (puedes ver el hueso), **llama al teléfono de emergencias**.
- Si tiene una pierna rota, sostenla con la mano o con una cobija.
- Si tiene el brazo o el hombro rotos, haz que la persona misma lo sostenga.
- No intentes enderezar o doblar huesos rotos.

SANGRE

EXTRAORDINARIO Si a una persona le cortan la arteria más grande del cuerpo, la aorta abdominal, puede morir desangrada en 20 segundos. Con otras arterias grandes, puede tardar de 2 a 3 minutos, si no recibe ayuda.

Hasta el siglo XIX, la "sangría" era un tratamiento estándar para las enfermedades. Se extraía sangre haciendo pequeños cortes o poniendo sanguijuelas en la piel del paciente, con la idea de que así se equilibraba y se purificaba el cuerpo. Esto también se le practicó al presidente estadounidense George Washington cuando, a la edad de 67 años, se despertó una mañana con problemas para respirar. Tres médicos le realizaron sangrías, que le drenaron más de la mitad de la sangre. No sirvió de nada. Washington murió, muy probablemente debido al *shock* que le produjo la falta de sangre.

¿SABÍAS QUE...?

- No podemos vivir sin sangre. Esta transporta oxígeno y nutrientes a todas las células de tu cuerpo y elimina todos los desechos.
- Los adultos tienen más de 100 000 kilómetros de vasos sanguíneos en su cuerpo, lo cual basta para dar la vuelta al mundo 2.5 veces.
- Una gota de sangre tarda entre 2 segundos y 1 minuto en salir del corazón, recorrer todo el cuerpo y volver al corazón.
- Tu cuerpo produce 17 000 000 de glóbulos rojos por segundo, ¡y puede producir hasta 7 veces más si es necesario!
- La sangre representa el 8 % de tu peso corporal. Un niño que pesa 40 kilos tiene cerca de 2 litros de sangre.
- Tu sangre contiene oro real. Una pequeña cantidad: en un adulto son solo 0.2 miligramos. ¡Pero aun así lo tiene!

¿QUÉ HACER?

- ¿Sangra mucho la víctima? **Llama al teléfono de emergencias**.
- Puedes limpiar heridas pequeñas con agua (por ejemplo, del grifo). No intentes limpiar heridas grandes tú mismo.
- Si hay mucha sangre, toma una tela o una venda doblada y presiónala con fuerza contra la herida. No dejes de presionar. Si no hay una tela disponible, simplemente usa tu mano o haz que la víctima presione su propia herida.
- Acuesta a la víctima y cúbrela con una cobija si es necesario.
- Si te cae sangre de otra persona, báñate tan pronto termine la emergencia.
- Siempre busca ayuda de un médico si alguien tiene una herida profunda, si ha sido mordido por un animal, si hay algo en la herida que no sale o si esta no para de sangrar.

QUEMADURAS

EXTRAORDINARIO En el pasado, las personas a veces recibían el castigo de ser quemadas vivas en la hoguera; por ejemplo, si se pensaba que alguien era un brujo o una bruja, si había cometido traición o si no profesaba la religión adecuada. Juana de Arco es quizá la víctima más famosa de este tipo de castigo.

Es de esperar que esto ya no suceda hoy en día; sin embargo, cada año, en Bangladés, la India y Pakistán, a miles de mujeres les rocían queroseno u otro tipo de combustible y les prenden fuego. ¿Por qué? Porque no pudieron pagar su dote o porque no quedan embarazadas lo suficientemente rápido. En cuanto a la Policía, les dicen que fue un accidente en la cocina...

¿SABÍAS QUE…?

- Las quemaduras causan casi el peor dolor que una persona puede sentir.
- Las quemaduras están en el tercer puesto en la lista de los accidentes más mortales.
- Existen 3 "grados" de quemaduras:
  1. QUEMADURAS DE PRIMER GRADO: la piel no está lacerada; son de color rojo o rosado, secas y dolorosas.
  2. QUEMADURAS DE SEGUNDO GRADO: la piel aún es flexible, pero está lacerada; de color rojo, rosado o blanco; húmedas y dolorosas; se forman ampollas.
  3. QUEMADURAS DE TERCER GRADO: la piel está rígida y severamente dañada; de color blanco, beige a marrón oscuro; secas, casi no duelen.
- El 44 % de las quemaduras graves que requieren ayuda médica son causadas por incendios: llamas de gas, cigarrillos o fuegos artificiales, por ejemplo. Las llamas de gas y de vela son muy calientes: alcanzan unos 1000 grados centígrados.
- El 33 % son causadas por líquidos calientes o vapor. Estas son las quemaduras más comunes que sufren los niños.
- El 23 % son causadas por otros factores, como líquidos químicos, electricidad o el sol. Las personas suelen quemarse con el sol, pero por lo general son solo quemaduras de primer grado: no necesitan atención médica.

¿QUÉ HACER?

- Primero, el agua, ¡todo lo demás puede esperar! Refresca el área quemada con agua corriente tibia (no fría) de 10 a 20 minutos.
- Retira la ropa y los accesorios si no están pegados a la herida.
- Cubre las quemaduras graves con una gasa estéril, una tela o un plástico limpio (envoltura plástica adherente).
- Tú mismo puedes atender las quemaduras leves (de primer grado). Para quemaduras graves, contacta al médico.

LLAMA DE INMEDIATO AL TELÉFONO DE EMERGENCIAS SI:

- Una gran parte del cuerpo sufrió quemaduras (de segundo o tercer grado).
- Las quemaduras son en la cara, las orejas, las manos, los pies, las articulaciones o los genitales.
- Las quemaduras abarcan todo el cuello, una extremidad o el torso.
- Las quemaduras se encuentran en las vías respiratorias.

MORDEDURAS Y PICADURAS

EXTRAORDINARIO A Bill Haast le fascinaron las serpientes desde muy joven, y pagó por eso: fue mordido por una serpiente de cascabel y una cabeza de cobre cuando apenas tenía 12 años. Pero debía sufrir y sobrevivir a otras 170 mordeduras, muchas de las cuales habrían sido letales para otras personas. Se convirtió en el director del Miami Serpentarium y comenzó a ordeñar serpientes: su veneno se usa para fabricar antídotos y medicamentos. Para hacerse inmune, Bill se inyectaba veneno de serpiente diluido todas las semanas. Bill Haast vivió hasta los 100 años.

¿QUÉ HACER?

- Si alguien que sufrió una mordedura o una picadura comienza a vomitar, tiene dolores estomacales fuertes o si sus labios o garganta comienzan a hincharse, tiene dificultad para respirar o entra en estado de choque, **llama de inmediato al teléfono de emergencias**.

- Pregúntale si es alérgico y si lleva consigo una inyección especial para alérgicos; si es así, lo más probable es que el mismo afectado pueda inyectársela.

- Si el aguijón todavía está en el cuerpo de la víctima, sácalo con un objeto plano, como una tarjeta bancaria.

- Si es necesario, aplícale una crema contra la picazón. También puedes refrescar la picadura con una toallita fría.

- Si el área alrededor de la picadura se hincha demasiado, llama al médico. Si la víctima ha sido picada en la boca o la garganta, pídele que chupe un cubito de hielo para reducir la hinchazón.

- Si la persona tiene una garrapata en su cuerpo, sujeta el animal por la cabeza con unas pinzas para garrapatas o unas pinzas normales, lo más cerca posible de la piel, y hálala.

- Lava la picadura o mordedura con agua y jabón.

- Si la mordedura es profunda (como la de un perro), siempre busca ayuda médica.

- En caso de mordedura de una serpiente u otro animal venenoso, **siempre llama al teléfono de emergencias**. Si sabes qué tipo de serpiente era, ¡no dudes en decirlo!

  - Mantén a la víctima tranquila. Así el veneno se propaga más despacio.

  - Presiona una tela limpia sobre la herida hasta que deje de sangrar.

  - Nunca intentes succionar el veneno de una herida, podrías ponerte en peligro.

¿SABÍAS QUE...?

Las 3 mordeduras y picaduras más dolorosas
son causadas por:

3. EL PEZ PIEDRA: parece una piedra, pero ¡ay de ti
   si lo pisas! El insoportable dolor puede persistir
   durante días, y es tan grave que algunas de sus
   víctimas preferirían que les amputaran el pie.

2. LA HORMIGA BALA: la hormiga más grande
   del mundo, que recibe ese nombre porque su
   picadura se siente como un disparo.

1. LOS CUBOZOOS: estas medusas presentan una
   gran diversidad de formas y tamaños, tienen el
   veneno más poderoso del reino animal. Muchas
   de sus víctimas entran en choque y, por esta
   razón, se ahogan.

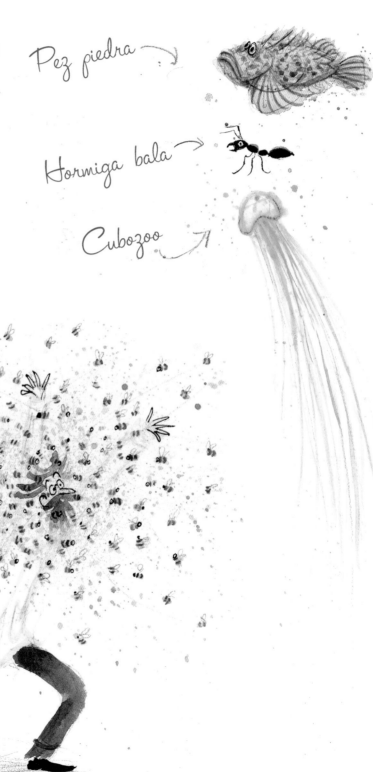

Pez piedra

Hormiga bala

Cubozoo

ASFIXIA

EXTRAORDINARIO Durante la época de los romanos, no era raro que las personas vomitaran a propósito durante los banquetes, para poder comer más. El emperador Claudio también lo hacía: usaba una pluma para hacerle cosquillas a la úvula (campana), en el fondo de la garganta, y así obligarse a vomitar. Algunos historiadores consideran que esta práctica finalmente lo mató: en el año 54, según se cree, se tragó su pluma y se asfixió. (Aunque también hay personas que dicen que fue envenenado por su esposa).

¿SABÍAS QUE...?

- Las personas son las únicas criaturas que pueden asfixiarse con la comida: somos el único mamífero que no puede respirar y tragar al mismo tiempo.
- Tragas alrededor de 600 veces al día. Cada vez que lo haces, usas 26 músculos diferentes.
- En promedio, 100 personas mueren cada año por asfixiarse con un esfero.
- El 80 % de las llamadas telefónicas de emergencia relacionadas con asfixia involucran niños menores de 6 años.
- Los objetos redondos son los más peligrosos, ya que cierran la tráquea por completo: tomates cherry, nueces de macadamia, uvas, dulces, monedas y botones, por ejemplo.
- Los palillos también son peligrosos: cada año, 9000 emergencias se relacionan con alguien que se tragó un palillo.
- Un niño que no puede respirar se asfixia en 4 a 6 minutos, y los adultos en 10.

¿QUÉ HACER?

- ¿Aún puede toser y respirar la persona? Entonces déjala toser y no hagas nada.
- Si no puede hablar, toser o respirar, llama al teléfono de emergencias y pon el teléfono en altavoz.
- Golpea a la persona 5 veces en la espalda: golpéala con fuerza entre los omóplatos con la palma de la mano. Mira si el objeto sale de su garganta. Si no es así, hazle 5 compresiones abdominales, un procedimiento llamado la maniobra de Heimlich:
  - Párate detrás de la víctima y coloca una de tus piernas entre sus piernas.
  - Pon tus brazos alrededor de su abdomen.
  - Pon la mano en forma de puño y coloca el pulgar justo encima de su ombligo.
  - Agarra el puño con la otra mano y presiónalo hacia dentro y hacia arriba, tan fuerte como puedas.
  - Sigue haciéndolo varias veces y de manera rápida hasta que el objeto salga de la garganta de la víctima o hasta que llegue alguien que te pueda ayudar.
- Si la víctima pierde el conocimiento, comienza la reanimación (ver pág. 14).

AHOGAMIENTO

EXTRAORDINARIO Hacia el final de la Segunda Guerra Mundial, cuando Alemania estaba perdiendo contra Rusia, el Ejército alemán decidió evacuar a un gran número de personas porque el Ejército Rojo estaba en camino. El buque de transporte militar Wilhelm Gustloff debía zarpar de un puerto en el este de Polonia con 6050 refugiados y soldados alemanes heridos y llevarlos a un lugar seguro. El plan se conoció como "Operación Hannibal".

Mucha más gente de la que aparecía en la lista de pasajeros abordó el barco: 10582 en total. Sin embargo, este no llegó muy lejos: después de unas pocas docenas de kilómetros, fue detectado por un submarino ruso, que lo atacó con 3 torpedos. 1252 Pasajeros fueron rescatados, pero 9343 se ahogaron en las heladas aguas del mar Báltico. Entre ellos había más de 5000 niños.

¿SABÍAS QUE...?

- 1 200 000 personas se ahogan cada año: eso es una muerte cada 26 segundos.
- El ahogamiento es la causa principal de muerte entre los niños de 0 a 5 años. Más personas mueren también entre los 20 y los 25 años (quizá porque están más interesados en practicar deportes acuáticos y porque son más imprudentes) y por encima de los 65 años.
- El mayor número de personas se ahoga al final de la tarde. Es el momento más caluroso del día, cuando la gente comienza a cansarse.
- Una cuarta parte de los ahogamientos ocurre en aguas que tienen menos de 1 metro de profundidad. El 40 % de los ahogamientos sucede a menos de 2 metros de la costa o al borde de la piscina.
- Una vez que una persona esté bajo el agua y no pueda salir a tomar aire, puede morir en 3 a 5 minutos.

¿QUÉ HACER?

Alguien que está en apuros en el agua no suele pedir ayuda, porque necesita todas sus fuerzas para intentar respirar. Si ves a alguien que desaparece constantemente bajo el agua y aunque trata de nadar, no avanza, actúa de inmediato.

- **Pide ayuda a los salvavidas o llama al teléfono de emergencias.**
- Arroja a la víctima algo de lo que pueda aferrarse.
- No hagas nada que pueda meterte en problemas también: nunca entres al agua si no dispones de ningún tipo de protección.
- Una vez que la persona esté fuera del agua, ponla boca arriba y háblale.
- Si respira con normalidad, ponla de lado y cúbrela con una cobija.
- Si no respira, comienza a reanimarla de inmediato (ver pág. 14) hasta que llegue la ambulancia.
- Aunque la víctima parezca estar bien, necesita atención médica. Si hay agua en los pulmones, esto puede causarle problemas graves horas después.

ENVENENAMIENTO O INTOXICACIÓN

EXTRAORDINARIO El cianuro es el veneno que más muertes ha causado en todo el mundo. Es un componente del infame Zyklon B, el cual se utilizó para matar personas en las cámaras de gas durante la Segunda Guerra Mundial. También es común en las historias de asesinatos: si puedes percibir el olor de almendras amargas cerca de un cadáver, ahí está la prueba del delito. Aunque, en realidad, solo 4 de cada 10 personas pueden olerlo.

El cianuro también se puede encontrar en las semillas de albaricoque: la semilla que se encuentra al romper el hueso de esta fruta. Comer solo 3 de esas pequeñas semillas pone a una persona en riesgo de muerte.

¿SABÍAS QUE...?

- El veneno puede entrar al cuerpo de 5 maneras:
  1. tragándolo
  2. inhalándolo
  3. a través de los ojos
  4. a través de la piel
  5. a través de una mordedura o picadura
- Casi la mitad de los envenenamientos o intoxicaciones les ocurre a niños menores de 6 años. Las sustancias en cuestión son cosméticos, productos de limpieza y analgésicos.
- El 90 % de los envenenamientos o intoxicaciones sucede en el hogar.
- Cuando alguien se envenena o se intoxica, no siempre se da cuenta de inmediato. Nuestro cuerpo reacciona a algunos venenos en segundos, pero con otros puede tardar horas o incluso días.

- El fugu (o pez globo) es un manjar en Japón, pero es mortal si no se prepara de forma adecuada. El veneno de 1 solo pez es suficiente para matar a 30 personas.
- En el mundo entero, 351 000 personas mueren por intoxicación alimentaria cada año, y 193 500 por otros tipos de envenenamiento o intoxicación. También algunos toman veneno a propósito. Por ejemplo, 370 000 personas mueren cada año por ingerir pesticidas.

¿QUÉ HACER?

- Si tú o alguien más pierde el conocimiento, siente ansiedad y le falta el aliento, se siente letárgico o tiene grandes heridas: haz lo que necesites para ponerte a salvo y llama o pídele a alguien que **llame al teléfono de emergencias**. En todos los demás casos, llama al médico.

- Si alguien ingirió algo venenoso, no lo hagas vomitar. De inmediato, haz que se enjuague la boca con agua y que la escupa.

- Si alguien tiene veneno en su piel, quítale la ropa que tiene veneno y viértele bastante agua (preferiblemente tibia) en la piel hasta que la ayuda profesional pueda hacerse cargo.

- Si alguien inhaló algún veneno, llévalo a algún lugar donde haya aire fresco. Comienza a reanimarlo si deja de responder cuando le hablas o le sacudes el hombro (ver pág. 14).

- Si a alguien le cayó veneno en los ojos, lávaselos con agua corriente durante diez minutos, desde el extremo interno del ojo hacia la parte más externa.

DESMAYO

EXTRAORDINARIO Los desmayos no causan la muerte, pero a veces las personas se desmayan a causa de otro problema; por ejemplo, un derrame cerebral. Y las cosas también pueden salir mal de otras maneras.

Dawn McGookin no se sentía bien, así que fue por un vaso de agua. Mientras regresaba con el vaso en sus manos, se desmayó y cayó sobre el vaso, el cual se rompió. Los fragmentos de vidrio le cortaron las arterias, y ella murió desangrada al instante.

¿SABÍAS QUE...?

- Si tu cerebro no recibe oxígeno durante 8 a 10 segundos, pierdes el conocimiento.
- Las mujeres se desmayan mucho más a menudo que los hombres. Entre otras razones, porque tienen menos sangre en el cuerpo que los hombres, por lo que es más fácil que su cerebro no obtenga suficiente sangre y oxígeno.
- Del 20 al 30 % de los casos en que alguien se desmaya se debe a un problema cardiaco, mientras que el 50 % queda sin explicación.
- En el siglo XIX, las mujeres se desmayaban todo el tiempo, sobre todo por los corsés que usaban, que eran demasiado apretados.
- Desde Elvis Presley y Los Beatles, cientos de personas, en especial chicas, se desmayan en los conciertos pop. ¿La causa? Calor extremo, deshidratación y demasiada emoción.

- Cerca del 15 % de las personas se desmaya (o casi) al ver sangre.
- El mayor porcentaje de desmayos se da en personas mayores que se sientan o se ponen de pie muy rápido, lo que causa una caída repentina de la presión arterial.

¿QUÉ HACER?
CUANDO ALGUIEN SE DESMAYA:

- Ponlo de lado.
- Aflójale la ropa ajustada.
- Dale espacio. No debe reunirse mucha gente a su alrededor.
- Si no vuelve en sí pronto, **llama al teléfono de emergencias**.

GOLPE DE CALOR

EXTRAORDINARIO Cada año, docenas de niños mueren por golpe de calor porque sus padres los dejan en un auto mientras van de compras o hacen alguna diligencia y olvidan que su hijo sigue en el asiento de atrás. Solo en Estados Unidos, cada año fallecen 40 personas de esta manera. El 70 % son niños menores de 2 años.

En 10 minutos, la temperatura dentro de un auto puede aumentar en 10 grados centígrados; no importa si las ventanas están abiertas o cerradas. Incluso si la temperatura exterior es de 15 grados, la temperatura en un auto que está bajo la luz solar directa puede subir hasta 40 grados. ¡Imagínate lo que puede subir en el verano!

Puedes sufrir un golpe de calor a 40 grados o más, y si tu temperatura corporal sube por encima de 42 grados centígrados, puedes morir. El golpe de calor es la principal causa de muerte en los autos, aparte de los accidentes, en los niños menores de 14 años. Con los animales, es aún más común: cientos de mascotas mueren de calor cada año porque sus dueños las dejan en un auto.

¿SABÍAS QUE...?

- Entre los adolescentes y los adultos jóvenes, la insolación es una de las principales causas de muerte. Ocurre con mayor frecuencia cuando practican deportes bajo el sol.
- Un golpe de calor tiene 3 etapas:
  1. CALAMBRES POR CALOR: dolores musculares y calambres en el estómago y las piernas.
  2. AGOTAMIENTO POR CALOR: la piel esta fría y húmeda al tacto y se ve pálida, gris o roja. La víctima tiene dolor de cabeza, siente náuseas, mareo y está débil y cansada.
  3. GOLPE DE CALOR: temperatura corporal demasiado alta; piel roja seca o húmeda; pulso rápido y débil; respiración rápida y superficial. La víctima está confundida, puede perder el conocimiento, de vez en cuando vomita y puede tener convulsiones.

¿QUÉ HACER?
CALAMBRES POR CALOR:

- Lleva a la víctima a un lugar fresco.
- Permite que se siente o se recueste de forma relajada y masajéale las zonas que le duelen.
- No permitas que tome agua o cualquier otra bebida que esté demasiado fría.

AGOTAMIENTO POR CALOR:

- Lleva a la víctima a un lugar más fresco, de ser posible un lugar ventilado, y haz que se acueste.
- Protégela del sol.
- No permitas que tome agua o cualquier otra bebida que esté demasiado fría.
- Si la víctima no quiere tomar nada, pierde el conocimiento o comienza a vomitar, **llama al teléfono de emergencias**.

GOLPE DE CALOR:

- **Llama de inmediato al teléfono de emergencias**.
- Acuesta a la víctima en un ambiente fresco.
- No dejes que se esfuerce.
- No la dejes comer ni tomar nada.
- Refresca a la persona lo mejor que puedas. Usa compresas frías o toallas empapadas en agua fría (que debes reemplazar cuando se calienten), pero asegúrate de que no empiece a temblar. Continúa haciendo esto hasta que su condición mejore o hasta que llegue la ayuda.

HIPOTERMIA

EXTRAORDINARIO La médica noruega Anna Bågenholm estaba esquiando cuando tuvo un extraño accidente: cayó en una corriente de agua y quedó atrapada entre el hielo y las rocas. Sus amigos, que solo podían distinguir sus pies, llamaron a los servicios de emergencia.

Aún bajo la capa de hielo, Anna logró encontrar una bolsa de aire y continuó moviéndose por 40 minutos. Pasaron 80 minutos antes de que llegaran los servicios de emergencia. Para entonces, ya no se movía, no tenía pulso y su circulación se había detenido. En el hospital la conectaron a una máquina de corazón-pulmón, y su sangre se calentó lentamente. Cien médicos trabajaron durante 9 horas para salvarle la vida.

Por fortuna, Anna recuperó la conciencia. Sus manos ya no funcionan bien, pero volvió a trabajar media jornada y volvió a practicar esquí.

¿SABÍAS QUE...?

- La hipotermia se presenta si la temperatura corporal baja a 35 grados centígrados o menos. Si la temperatura cae por debajo de los 30 grados, se pierde el conocimiento. Por debajo de los 25 grados, la sangre deja de circular y la persona fallece.
- 28 000 personas mueren de hipotermia cada año. La mayoría de las víctimas son personas mayores que presentan temblores muy pequeños. Resulta que los escalofríos ayudan a que los músculos se activen para calentar el cuerpo.
- La hipotermia se produce con mayor facilidad en los hombres que en las mujeres.
- La hipotermia se presenta mucho más rápido en agua fría que en aire frío: la temperatura baja 25 veces más rápido en el agua. Debido a esto, a una persona le puede dar hipotermia bajo la lluvia, incluso si la temperatura no está bajo cero.
- A veces, cuando las personas tienen un descenso drástico de temperatura, tienen el extraño impulso de quitarse la ropa.
- Cuando se ingiere alcohol o drogas, se produce hipotermia con mayor facilidad, ya que las venas se ensanchan.

¿QUÉ HACER?

Cuando a una persona le da hipotermia, se confunde o siente sueño, comienza a hablar despacio, tiene un pulso débil y tiembla con intensidad o, por el contrario, ya no puede moverse bien.

- **Llama al teléfono de emergencias** si la víctima está letárgica o pierde el conocimiento.
- Si es posible, llévala a un lugar cálido.
- Envuélvela en cobijas.
- Si aún puede beber, dale algo caliente, pero que no sea alcohol.
- Si partes de su cuerpo están congeladas (p. ej., los dedos de las manos o de los pies), no se las frotes, caliéntalas. Por ejemplo, puedes envolverlas muy bien con una tela cálida o sosteniéndolas en tu axila.

SHOCK

EXTRAORDINARIO La reacción del cuerpo a la pérdida repentina de sangre o líquidos se llama *shock* (choque en español). Las reacciones alérgicas también pueden causar síntomas de *shock*. Cuando pierde sangre o líquidos súbitamente, el cuerpo intenta limitar las consecuencias de la pérdida. El corazón late más rápido para hacer circular la sangre restante a los órganos necesarios para la supervivencia: el corazón, los pulmones y el cerebro. La respiración también se acelera. A veces se dice que es posible entrar en estado de *shock* al oír noticias que nos afectan mucho, ya sea de forma positiva o negativa, pero en cuanto a si eso es cierto...

En la India, 470 personas murieron por *shock*, según informes oficiales, cuando se enteraron de que la señora Jayalalithaa, la primera ministra del estado de Tamil Nadu, había fallecido. Los dolientes de estas víctimas recibieron 300 000 rupias del partido político de Jayalalithaa (el salario mensual promedio en la India es de 18 120 rupias).

¿SABÍAS QUE...?

- Las personas entran en estado de *shock* cuando su presión arterial disminuye de forma muy rápida y repentina. Esto significa que las células ya no reciben suficiente sangre, razón por la cual comienzan a morir poco a poco.
- 1 de cada 5 personas muere luego de entrar en estado de *shock*.
- No hay una cifra exacta de cuántas personas mueren por *shock* cada año, pues este termina causando un paro cardiaco, lo cual suele aparecer como la causa de la muerte.

- El *shock* puede tener varias causas, entre ellas:
  - una gran pérdida de sangre
  - quemaduras severas
  - ciertas bacterias
  - reacciones alérgicas graves
  - paro cardiaco
  - deshidratación
- Si no se trata, el *shock* casi siempre es mortal.

¿QUÉ HACER?

Cuando alguien entra en estado de *shock*, desaparece el color de su rostro, comienza a respirar de forma rápida y superficial, tiene el pulso acelerado, las pupilas dilatadas y puede perder el conocimiento.

- El *shock* es potencialmente mortal. Siempre **llama al teléfono de emergencias**.
- Acuesta a la víctima.

- Si está sangrando, presiona la herida para cerrarla.
- Afloja la ropa ajustada y cubre a la persona con una cobija si es necesario.
- Si comienza a vomitar, gírala hacia un lado para que no se ahogue.
- Si deja de respirar, comienza la reanimación (ver pág. 14).

PARO CARDIACO

EXTRAORDINARIO Existe un síndrome del corazón feliz. A veces el corazón falla de manera espontánea cuando sucede algo muy especial: el equipo de fútbol favorito gana una copa, una celebración de cumpleaños particularmente festiva o algo similar.

El primer caso conocido de este síndrome es el de Diágoras de Rodas, un famoso boxeador que vivió durante el siglo V a. C. Después de una exitosa carrera, vio ganar a sus 2 hijos en los Juegos Olímpicos del año 448 a. C. Sus hijos lo llevaron en hombros por todo el estadio, lleno de espectadores que los ovacionaban. Diágoras murió de felicidad en el acto. En Rodas existe un equipo de fútbol que lleva su nombre: Diágoras Rodos FC.

¿SABÍAS QUE...?

- Las enfermedades cardiovasculares son la principal causa de muerte en todo el mundo: 17 300 000 personas mueren por su causa cada año.
- A menudo, lo que llamamos paro cardiaco es en realidad lo que sucede cuando el corazón comienza a "fibrilar", la función de bombeo del corazón falla y su latido se vuelve loco. La sangre ya no circula y los órganos no reciben oxígeno. Después de 10 minutos de fibrilación, el corazón suele fallar por completo.
- Un desfibrilador (DEA) puede ayudar a que el latido del corazón vuelva a la normalidad. No sirve de ninguna ayuda si el corazón ya se ha detenido.
- La causa más común de paro cardiaco es la cardiopatía.
- Durante el paro cardiaco, las neuronas se dañan de forma irreparable debido a la falta de oxígeno, después de solo 4 a 6 minutos.
- Por cada minuto que alguien pasa sin recibir ayuda, se reducen sus probabilidades de supervivencia en un 7 a 10 %.
- La investigación con rayos X en momias muestra que los paros cardiacos ya eran comunes en el antiguo Egipto.

¿QUÉ HACER?

- Si alguien dejó de respirar o respira de forma muy superficial y ya no responde, incluso cuando lo sacudes, **llama de inmediato al teléfono de emergencias**. Comienza la reanimación (ver pág. 14).
- Pídele a alguien que busque un desfibrilador (DEA) y lo use hasta que llegue la ambulancia. Mientras el corazón esté fibrilando, se puede usar un DEA.

ATAQUE CARDIACO

EXTRAORDINARIO Tommy Cooper fue un mago famoso. O más bien, era un mago cuyos trucos siempre fallaban, hecho que con el tiempo aprovechó para convertirlo en su acto, aunque en realidad habría preferido ser un buen mago.

El 15 de abril de 1984, estaba actuando en vivo en el programa de televisión inglés *Live from Her Majesty's*. Cuando, en medio de su acto, empezó a respirar con dificultad y cayó, todos pensaron que era otra de sus bromas: el público se rio a carcajadas. Incluso su asistente se echó a reír, pues pensó que Tommy estaba improvisando. Pasó un tiempo antes de que la gente se diera cuenta de que estaba sufriendo un ataque cardiaco. Entonces se le hicieron señas a la orquesta para que tocara el tema que anunciaba el corte comercial y lo arrastraron detrás del escenario.

Intentaron reanimar a Tommy, pero fue en vano. Cuando llegó al hospital, fue declarado muerto.

¿SABÍAS QUE...?

- Cuando hay un ataque cardiaco, parte del corazón ya no recibe sangre porque una de las arterias coronarias está bloqueada.
- Un ataque cardiaco puede causar un paro cardiaco.
- Las personas que viven solas tienen el doble de probabilidades de sufrir un ataque cardiaco que los que viven con otros.
- Las personas que se ríen mucho tienen menor probabilidad de sufrir un ataque cardiaco. La depresión y la tristeza, por otro lado, pueden aumentar las probabilidades.
- El 40 % de las personas que sufren un ataque cardiaco fallece antes de llegar al hospital.
- Los ataques cardiacos son más comunes los lunes. También se han aumentado las tasas de ataque cardiaco en días como la Navidad y el *Boxing Day**.

- Alrededor del 25 % de los ataques cardiacos pasan sin ser notados y solo se descubren en exámenes posteriores.
- Las mujeres que fuman corren el riesgo de sufrir un ataque cardiaco 19 años antes que las que no lo hacen.

¿QUÉ HACER?

Si alguien experimenta un dolor fuerte en la mitad del pecho, que puede irradiarse a los antebrazos, la mandíbula, la espalda y el abdomen durante más de 5 minutos, esto es lo que debes hacer:

- **Llama al teléfono de emergencias**.
- Haz que se siente en una silla o con la espalda contra la pared.
- Háblale y tranquilízala hasta que llegue la ambulancia.

* N. de la T.: Este se celebra el 26 de diciembre en países como Reino Unido, Canadá y Australia. Es un día en que muchas personas hacen compras porque hay grandes descuentos y ofertas.

ACCIDENTE CEREBROVASCULAR

EXTRAORDINARIO La gente que sufre un derrame cerebral puede terminar con una personalidad completamente cambiada. Chris Birch era un jugador galés de *rugby*, trabajaba en un banco y estaba a punto de casarse con su novia cuando tuvo un raro accidente: trató de impresionar a sus amigos haciendo una voltereta hacia atrás, pero se rompió el cuello y sufrió un derrame cerebral. Después de su recuperación, era una persona diferente: ya no se sentía atraído por las mujeres, rompió su compromiso y renunció a su trabajo. Se convirtió en peluquero y ahora tiene novio.

¿SABÍAS QUE...?

- Cerca de 13 000 000 de personas sufren un derrame cerebral cada año. Es la segunda causa principal de muerte en el mundo.
- Las personas que no fuman pero que viven con un fumador, tienen un 70 % más de probabilidades de sufrir un derrame cerebral.
- Las principales causas de un derrame cerebral son la presión arterial alta, la diabetes y el tabaquismo.
- Un AIT (ataque isquémico transitorio) es un derrame cerebral momentáneo: la mitad de las personas que experimentan un AIT nunca lo notan.
- Las probabilidades de sufrir un derrame cerebral dependen de la ascendencia:
  - Indígenas americanos e indígenas de Alaska: 5.3 %
  - Afroamericanos: 3.2 %
  - Caucásicos: 2.5 %
  - Asiáticos: 2,4 %
- Aun así, la mayoría de los derrames cerebrales ocurre en Indonesia, Mongolia y Rusia.
- El 60 % de las personas que sufren un derrame cerebral espera hasta el día siguiente para ir al médico.
- El 20 % de las personas que sufren un derrame cerebral muere al mes siguiente.

- El daño en el lado izquierdo del cerebro puede causar parálisis en el lado derecho del cuerpo y viceversa.

¿QUÉ HACER?

- Si una persona tiene la boca ladeada, habla de manera confusa o no puede mover un brazo, **llama de inmediato al teléfono de emergencias**.
- Si no estás seguro:
  1. Pídele que te muestre los dientes. Si su boca no está recta, **llama al teléfono de emergencias**.
  2. Pídele que diga una frase simple. Si no puede hacerlo, **llama al teléfono de emergencias**.
  3. Pídele que estire los brazos y gire las palmas hacia arriba. Si uno de los brazos cae, **llama al teléfono de emergencias**.
- Haz que la víctima se acueste y ponga la cabeza sobre una almohada o una tela doblada hasta que llegue la ambulancia.
- No dejes que coma o tome nada.
- Si pierde el conocimiento, gírala de lado.
- Si deja de respirar, comienza la reanimación (ver pág. 14).

ACCIDENTE AUTOMOVILÍSTICO

EXTRAORDINARIO En algunas circunstancias muy inusuales, un accidente automovilístico puede ser algo bueno. Un camionero estadounidense, Richard Paylor, comía una manzana mientras manejaba por la autopista cuando un trozo se le atascó en la garganta. No podía respirar y perdió la conciencia. El camión se salió del camino y se estrelló contra las barreras de seguridad. La fuerza del impacto hizo que Richard se golpeara el pecho contra el volante y así el trozo de manzana salió de su garganta. El accidente le salvó la vida.

¿SABÍAS QUE...?

- Los accidentes de tránsito son la principal causa de muerte en las personas entre 15 y 29 años.
- Cada año, casi 1 300 000 personas mueren en un accidente automovilístico en todo el mundo: eso es 1 muerte cada 26 segundos. Además, de 20 a 50 000 000 de personas resultan heridas o quedan discapacitadas.
- Hablar por teléfono celular mientras se maneja aumenta el riesgo de accidente en un 400 %.
- La mayoría de los accidentes de tránsito fatales tienen lugar los sábados. Los días más seguros son los lunes, martes y miércoles.
- La mayoría de los accidentes de tránsito ocurren dentro de un perímetro de 5 kilómetros desde la casa de la víctima.
- Los hombres causan el doble de accidentes automovilísticos que las mujeres.
- Las lesiones más comunes en accidentes automovilísticos son las de espalda y cuello.
- En promedio, cada persona se ve involucrada en un accidente automovilístico una vez cada 18 años.
- La mayoría de las muertes ocurren cuando el auto se voltea.

¿QUÉ HACER?
SI PRESENCIAS UN ACCIDENTE AUTOMOVILÍSTICO EN EL QUE HAY PERSONAS LESIONADAS:

- **Llama al teléfono de emergencias**.
- Verifica que no estés en peligro.
- Haz que las personas se paren o se sienten detrás de la barrera de seguridad, si pueden hacerlo. Ponte un chaleco reflectante si tienes uno.
- No muevas a alguien si no puede salir del auto por sí mismo. Los que tengan dolor de cuello o espalda deben permanecer en el auto.
- Si hay varias personas heridas o lesionadas, ve primero a la que está más quieta: podría estar inconsciente y necesitar la ayuda más inmediata.
- Usa tela (ropa) para detener el flujo de sangre de las heridas.
- Si es necesario, aplica lo que aprendiste en las secciones "Fractura de huesos", "Sangre", "Desmayo" y "Shock" de este libro hasta que llegue la ambulancia.

GRANDES DESASTRES

ANTES Y DESPUÉS DE UN DESASTRE

Para que puedas responder de forma adecuada cuando ocurre un desastre, puedes hacer los siguientes preparativos:

- Toma medidas con tus padres, o con las personas con las que vives, sobre lo que van a hacer si ocurre un desastre.
- Haz un botiquín de primeros auxilios (ver pág. 16).
- Haz un kit de emergencia (ver pág. 51).
- Haz un kit de supervivencia (ver pág. 53).
- Elabora un plan de evacuación y practícalo:
  1. Busca cuáles son las rutas para salir de la casa.
  2. Averigua cómo puedes salir del barrio y dónde están los lugares más altos de la zona (por ejemplo, haz un mapa de la zona que muestre las vías de evacuación).
  3. Investiga dónde están los hospitales más cercanos.
- Descarga la aplicación de primeros auxilios de la Cruz Roja en tu teléfono.

Este libro explica qué hacer durante los desastres. En radio, televisión o internet puedes recibir noticias de lo que sucede después.

DESPUÉS DE UN DESASTRE DEBES PRESTAR ATENCIÓN A LO SIGUIENTE:

- Asegúrate de saber dónde están las personas con quien vives.
- Brinda primeros auxilios a quienes lo necesiten.
- No permanezcas dentro de edificios dañados (¡podrían colapsar!).
- Sal si percibes olor a gas o algo que se quema.
- Mantente alejado de cables eléctricos sueltos.
- Informa a los servicios de emergencia sobre la ubicación de las víctimas, fugas de gas, incendios y cables eléctricos.
- Avísale a tu familia que estás seguro a través de las redes sociales.

Alimentos no perecederos

Botiquín de primeros auxilios

Fósforos

Manta térmica

Medicamentos

Linterna de pilas

Hornilla de gas + pipa de gas portátil

Radio de manivela

Pilas

Cargador manual para teléfono celular

Filtro de agua

Silbato de emergencia

Dinero en efectivo

Sartén

Copia de pasaportes + documentos importantes

Navaja suiza

Botellas de agua

Números telefónicos importantes

Velitas

CÓMO HACER UN KIT DE EMERGENCIA

Cuando ocurre un desastre, pueden pasar días hasta que los servicios de emergencia te localicen. Por esta razón, siempre debes tener listo un kit de emergencia con el que puedas sobrevivir durante unos 3 días.

Tu kit de emergencia debe contener lo siguiente:

- un radio de manivela
- una linterna de pilas
- pilas adicionales si tu radio o la linterna funcionan con pilas
- un cargador manual para tu teléfono celular
- botellas de agua: 3 litros por persona, por día
- alimentos no perecederos: al menos 1 comida nutritiva por persona, por día
- un filtro de agua que pueda purificar el agua del grifo contaminada
- una sartén
- una hornilla de gas y una pipa de gas portátil

- una navaja suiza
- fósforos (en paquetes impermeables)
- velas
- un silbato de emergencia
- mantas térmicas: 1 por persona
- los medicamentos diarios que tú o tu familia necesitan, suficientes para 3 días
- el botiquín de primeros auxilios (ver pág. 16)
- una lista de números telefónicos importantes
- copias de los pasaportes y documentos importantes
- dinero en efectivo

Manta de emergencia

Nylon largo

Pastillas potabilizadoras de agua

Fósforos

Silbato

Velas

Muda de ropa completa

Brújula

Navaja suiza

Pilas

Radio de manivela

Linterna de pilas

Cargador manual para teléfono celular

Botella de agua de acero inoxidable

Barritas sustitutivas

Lupa

Mapa de la zona

Números telefónicos importantes

Lápiz

Botiquín de primeros auxilios

Copia de pasaportes + documentos importantes

Teléfono

CÓMO HACER UN KIT DE SUPERVIVENCIA DE DESASTRES

Cuando ocurre un desastre grave, necesitas actuar con rapidez. Si tienes los siguientes suministros en casa (en una maleta o un morral, para poder llevarlos fácilmente), estarás preparado para lo peor:

- un radio de manivela
- una linterna de pilas
- pilas adicionales si tu radio o la linterna funcionan con pilas
- un cargador manual para tu teléfono celular
- fósforos en una caja a prueba de agua o un encendedor
- velas
- lápiz
- silbato
- navaja suiza
- pastillas potabilizadoras de agua
- una botella de agua de acero inoxidable (llénala antes de irte)

- varias barritas sustitutivas
- *nylon* largo
- una lupa (para hacer fuego cuando haya sol)
- un mapa de la zona
- brújula
- una muda de ropa completa
- una manta de emergencia
- una lista de los números telefónicos más importantes de tu familia, del médico y los servicios de emergencia
- copias de los pasaportes y otros documentos importantes

No olvides tu teléfono y el botiquín de primeros auxilios.

TIERRA – TERREMOTO

LO PEOR El terremoto más mortal de la historia ocurrió el 23 de enero de 1556, en Shaanxi, China. Murieron unas 830 000 personas. El número de víctimas fue tan elevado porque la gente vivía en cuevas que colapsaron durante el terremoto.

¿SABÍAS QUE...?

- Por lo general, los terremotos son causados porque las placas tectónicas se mueven unas junto a otras o se deslizan unas debajo de otras. Debido al derretimiento de los glaciares y el aumento del nivel del mar, la presión sobre las placas tectónicas está cambiando, lo que genera terremotos cada vez más potentes.

- La actividad humana también puede causar terremotos; por ejemplo, la fracturación hidráulica. Este es un método para extraer petróleo o gas del suelo que puede hacer que las capas terrestres se muevan o se hundan.

- Cada año suceden alrededor de medio millón de terremotos. De estos, unos 100 000 se pueden sentir, y unos 100 causan daños. El 90 % de estos terremotos ocurre en el Cinturón de Fuego, que rodea casi todo el océano Pacífico.

- En 2010 se produjo un terremoto en Chile tan potente que la ciudad de Concepción se desplazó 3 metros. También en Chile se registró el terremoto más fuerte de la historia: 9.5 en la escala de Richter. Sucedió el 22 de mayo de 1960.

- Un terremoto que ocurrió cerca de Japón, en 2011, (consulta también el capítulo "Tsunami") hizo que la rotación de la Tierra se acelerara. Desde entonces, un día es 1.8 microsegundos más corto que antes.

- En 2015, el monte Everest perdió 2.5 centímetros de altura debido a un terremoto en Nepal.

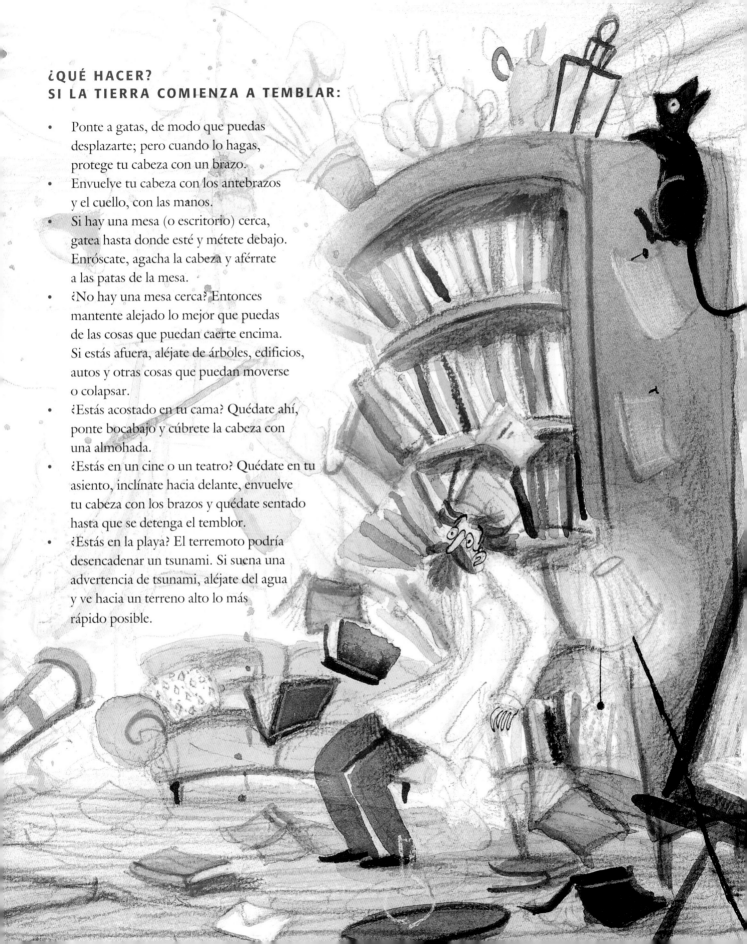

¿QUÉ HACER?
SI LA TIERRA COMIENZA A TEMBLAR:

- Ponte a gatas, de modo que puedas desplazarte; pero cuando lo hagas, protege tu cabeza con un brazo.
- Envuelve tu cabeza con los antebrazos y el cuello, con las manos.
- Si hay una mesa (o escritorio) cerca, gatea hasta donde esté y métete debajo. Enróscate, agacha la cabeza y aférrate a las patas de la mesa.
- ¿No hay una mesa cerca? Entonces mantente alejado lo mejor que puedas de las cosas que puedan caerte encima. Si estás afuera, aléjate de árboles, edificios, autos y otras cosas que puedan moverse o colapsar.
- ¿Estás acostado en tu cama? Quédate ahí, ponte bocabajo y cúbrete la cabeza con una almohada.
- ¿Estás en un cine o un teatro? Quédate en tu asiento, inclínate hacia delante, envuelve tu cabeza con los brazos y quédate sentado hasta que se detenga el temblor.
- ¿Estás en la playa? El terremoto podría desencadenar un tsunami. Si suena una advertencia de tsunami, aléjate del agua y ve hacia un terreno alto lo más rápido posible.

TIERRA-
DESLIZAMIENTOS

LO PEOR El 16 de diciembre de 1920 hubo un terremoto en Taiyuan, China. Fue tan fuerte que se produjeron deslizamientos en 675 lugares. Un área de unos 20 000 kilómetros cuadrados fue devastada y murieron más de 100 000 personas.

¿SABÍAS QUE...?

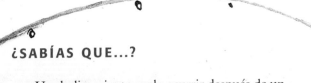

- Un deslizamiento suele ocurrir después de un terremoto, inundación, incendio forestal o erupción volcánica, y a menudo es más destructivo que el desastre que lo causó.
- Hay diferentes tipos de deslizamientos. Si una gran sección de una pared rocosa se rompe y se desliza por la montaña, entonces es un derrumbe. Si se trata en su mayoría de rocas sueltas, se llama desprendimiento de rocas o escombros. Si se desliza tierra o escombros mezclados con agua, es un alud de lodo.
- Un deslizamiento promedio se desplaza a una velocidad de 15 kilómetros por hora, pero puede alcanzar hasta los 55 kilómetros por hora. ¡El deslizamiento más rápido jamás registrado se movió a 170 kilómetros por hora!
- Los deslizamientos no se limitan al planeta Tierra. Hay evidencia de que también se presentan en otros lugares del universo, especialmente en Marte y Venus.

¿QUÉ HACER?

- Averigua si ya se han producido deslizamientos en el área donde vives.
- Permanece atento a sonidos extraños, como rocas golpeándose entre sí o árboles quebrándose.
- Si estás cerca de un río, verifica si el agua se está volviendo fangosa. El agua fangosa podría indicar un deslizamiento de tierra corriente arriba.
- Sal del área tan pronto veas o escuches algo sospechoso y avisa a los vecinos. Ayuda a las personas que no pueden abandonar el área por sí solas por falta de movilidad.
- Si estás en casa y ya no puedes salir, ve al último piso.
- Si quedas atrapado en un deslizamiento, ponte en posición fetal y protege tu cabeza con los brazos.
- Si sabes dónde hay personas atrapadas después de un deslizamiento, no vayas allí; solo avisa a los rescatistas dónde se encuentran.

TIERRA - AVALANCHA

LO PEOR El 31 de mayo de 1970, un terremoto en Perú causó una avalancha que desafía toda descripción. Un trozo de hielo y nieve que medía 910 metros de ancho y 1600 metros de largo cayó por la montaña de Huascarán a velocidades de entre 280 y 335 kilómetros por hora. Más de 17000 metros cuadrados de escombros recorrieron una distancia de 18 kilómetros y sepultaron las ciudades de Yungay y Ranrahirca bajo una inmensa capa de hielo, nieve, barro y roca. Casi 20000 personas fallecieron.

¿SABÍAS QUE...?

- Por lo general, una avalancha se origina cuando se desprenden las capas congeladas que están bajo un manto grueso de nieve y comienzan a deslizarse por la pendiente. Por esta razón, el peligro de una avalancha siempre es mayor después de una tormenta de nieve muy fuerte.

- Una avalancha puede alcanzar velocidades de hasta 125 kilómetros por hora en 5 segundos, y esa velocidad puede alcanzar los 400 kilómetros por hora.

- Alrededor de 150 personas mueren por una avalancha cada año. En el 90 % de los casos, las mismas víctimas (o sus acompañantes) causaron la avalancha.

- Una vez que una persona queda atrapada en una avalancha, se hunde rápidamente en la nieve; el cuerpo humano es 3 veces más pesado que el material que compone una avalancha.

- Tan pronto la avalancha se detiene, la nieve en la parte superior se congela en segundos para formar una capa externa que es tan dura como el concreto.

- Desenterrar a una persona dentro de los 18 minutos siguientes a una avalancha hace que tenga un 91 % de probabilidades de sobrevivir.

¿QUÉ HACER?

- Si decides ir a esquiar o hacer *snowboard* fuera de pista, debes llevar una baliza para avalanchas. Este dispositivo emite una señal si estás atrapado bajo la nieve, para que los rescatistas puedan encontrarte.
- Si ves que la nieve comienza a moverse, desplázate hacia un lado lo que más puedas: las avalanchas son más pesadas en el medio.

- Si la avalancha se inicia bajo tus pies, intenta saltar para que no te arrastre.
- Nada por tu vida: si la nieve te atrapa, nada con la corriente y trata de mantenerte cerca de la superficie.
- Si estás enterrado bajo la nieve, ponte en posición fetal, respira lo más profundo posible y mantén las manos cerca de la boca. Tan pronto te quedes quieto, excava la mayor cantidad de espacio que puedas para aumentar la cantidad de oxígeno disponible. La respiración es la principal preocupación: el 90 % de las víctimas se queda sin oxígeno.

AGUA - INUNDACIÓN

LO PEOR En 1931, después de 2 años de sequía, China fue golpeada por terribles tormentas y deshielos de nieve. Durante el verano, los dos ríos principales, el Yangtsé y el Huái, se desbordaron varias veces. En cierto punto, los niveles de agua eran 16 metros más de lo habitual, y 180 000 kilómetros cuadrados de tierra se inundaron. Se estima que murieron 4 000 000 de personas, mientras que otras 50 000 000 perdieron todo lo que tenían.

¿SABÍAS QUE...?

- En caso de inundación, es mejor buscar un terreno alto. Aun así, el 95 % de las personas intenta ir más rápido que el agua.
- Una corriente de agua que se desplaza con rapidez solo necesita alcanzar una profundidad de 15 centímetros para derribar a un hombre adulto.
- Un auto puede flotar cuando el agua llega a los 60 centímetros. Para un auto pequeño, solo bastan 30 centímetros.
- Existe la posibilidad de que haya inundaciones si la lluvia cae a una velocidad de más de 2.5 centímetros por hora.

- Una "inundación repentina" es una inundación imprevista, causada por un aguacero extremo o por la ruptura de una presa. En un evento así, podrías ver una pared de agua de 3 a 6 metros de altura que se aproxima hacia ti.
- La posibilidad de inundaciones en la costa es ahora de 3 a 10 veces mayor que en la década de 1960.

Si el nivel del mar continúa subiendo al ritmo actual, países como China, Bangladés, Vietnam, Japón y la India se verán afectados por inundaciones masivas; el 47 % de la población holandesa, el 6 % de la población belga y el 4 % de la población danesa e inglesa también se verán amenazadas por el agua.

¿QUÉ HACER?

- Ten a la mano un radio y escucha los informes de noticias.
- Si se emite una advertencia de inundación, ve a un terreno alto lo más rápido posible. Lleva a tus mascotas contigo.
- Ayuda a las personas con menos movilidad para que puedan escapar.
- No intentes caminar o manejar a través de una corriente de agua rápida.
- Si tu auto está atrapado en el agua, sal de inmediato e intenta llegar a tierra seca. No te quedes en el auto.

- Si no puedes escapar, dirígete al lugar más alto de la casa y quédate cerca de una ventana para poder llegar hasta el techo, si es necesario.
- Asegúrate de tener en casa suficientes alimentos no perecederos y botellas de agua (un suministro para 3 días).
- Llena todos los baldes y sartenes que puedas (o la tina si hay una en casa) con agua potable limpia.
- Cierra los registros del gas y el agua, y baja los tacos de la electricidad antes de que el agua llegue a la casa.
- Cubre los desagües para evitar que entren aguas residuales.

AGUA - TSUNAMI

LO PEOR La ola de tsunami más grande que se haya registrado alcanzó una altura de 30 metros y destruyó todos los árboles y la vegetación hasta 524 metros sobre el nivel normal del agua. Se produjo cuando más de 30 000 000 de metros cúbicos de roca se estrellaron contra el agua en la bahía Lituya en Alaska, desde una altura de casi 1 kilómetro. Esto sucedió el 9 de julio de 1958.

El tsunami más mortal ocurrió el 26 de diciembre de 2004, en el océano Índico. Un terremoto debajo del fondo marino provocó olas que se precipitaron hacia la tierra a una velocidad de 800 kilómetros por hora. Murieron más de 280 000 personas en 14 países.

¿SABÍAS QUE...?

- La palabra *tsunami* es una palabra japonesa formada por "puerto" (*tsu*) y "ola" (*namii*).
- Un tsunami puede ser provocado por un terremoto submarino, un cambio repentino en la presión del aire, un derrumbe o una erupción volcánica. También podría causarlo el impacto de un gran meteorito.
- Los científicos creen que un tsunami causado por el impacto de un meteorito destruyó casi toda la vida en la Tierra hace unos 3 500 000 000 de años.
- Un tsunami no consiste en una sola ola: es una serie de olas sucesivas, que se conocen como un "tren de olas".
- Una ola de tsunami no se curva hacia delante como una ola normal, sino que se acerca a la tierra como un muro de agua.
- La primera ola de un tsunami no suele ser la más alta; las olas se vuelven más altas y más poderosas de manera sucesiva.
- Un tsunami puede desplazarse tan rápido como un avión de combate, casi a 1000 kilómetros por hora, y puede avanzar a través del océano por miles de kilómetros antes de tocar tierra.
- El 80 % de los tsunamis ocurre en el llamado Cinturón de Fuego, que rodea casi todo el océano Pacífico.

¿QUÉ HACER?

- Ten a la mano un radio y escucha los informes de noticias.
- Si te encuentras en una zona costera y hay un terremoto, dirígete a un terreno más alto por precaución.
- Si ves que el mar se retira repentinamente de la playa, apresúrate a un terreno más alto y ve lo más lejos de la playa que puedas.
- Vete a pie si es posible: los autos a menudo se atascan en la congestión y podrías quedar atrapado.
- No regreses a casa después de las primeras olas. Más olas podrían estar en camino.
- No te detengas a mirar. Si puedes ver una ola de tsunami que se acerca, es demasiado tarde para escapar.
- Si eres arrastrado por un tsunami, no intentes nadar. Solo intenta agarrarte a algo que flote y déjate llevar por la ola.

ATMÓSFERA – TRUENOS Y RELÁMPAGOS*

LO PEOR En 1769, un rayo golpeó la iglesia de San Nazario en Brescia, en Venecia (cuando esta todavía era una república independiente). Allí se almacenaban 90 000 kilos de pólvora. La subsiguiente explosión destruyó una sexta parte de la ciudad y acabó con la vida de 9000 personas.

¿SABÍAS QUE...?

- La astrafobia significa miedo a los relámpagos y truenos. ¿Solo les tienes miedo a los truenos? Entonces sufres de brontofobia.
- Para calcular la distancia entre una tormenta eléctrica y tú, cuenta los segundos que pasan entre el destello del relámpago y el sonido del trueno, y divídelos por 3. Este es el número aproximado de kilómetros entre la tormenta y tú.
- El destello del relámpago hace que el aire circundante se caliente tan rápido que se produce un estruendo: ese es el sonido del trueno. El aire puede alcanzar temperaturas de hasta 10 000 grados centígrados.
- En todo el mundo se producen unas 1800 tormentas eléctricas en cada momento del día. Esto serían 16 000 000 de tormentas eléctricas al año.
- Las personas que son alcanzadas por un rayo suelen sufrir en su cuerpo quemaduras extrañas en forma de ramas, conocidas como figuras de Lichtenberg.
- Se estima que 264 000 personas son alcanzadas por un rayo cada año en todo el mundo, de las cuales fallecen 24 000.
- Todos los días, los rayos golpean la tierra alrededor de 10 000 veces. De cada 10 rayos, 1 o 2 provocan un incendio.
- Roy Sullivan fue alcanzado 7 veces por rayos: en su jardín, en su auto, mientras pescaba, incluso dentro de su casa, pero sobrevivió a todos.

¿QUÉ HACER?

- Entra a algún lugar tan pronto oigas truenos.
- Cierra puertas y ventanas, y mantente alejado de las ventanas.
- Apaga todos los dispositivos que tengan un enchufe eléctrico, como el televisor y el computador.
- No entres a la ducha o la tina, ni uses el teléfono fijo durante una tormenta eléctrica. Si cae un rayo, podrías electrocutarte.
- Si no puedes refugiarte dentro de algún lugar, ve a un terreno más bajo. Nunca te escondas bajo un árbol o cerca del agua o el metal.
- Si estás en un auto durante una tormenta eléctrica, quédate ahí.
- Si un rayo alcanza a una persona y esta deja de respirar, llama al teléfono de emergencias. Intenta reanimar de inmediato a la víctima (ver pág. 14) hasta que llegue la ambulancia.
- No hay peligro en tocar a las personas después de haber sido alcanzadas por un rayo.

* N. de la T.: La diferencia entre "relámpagos" y "rayos" es que los primeros no tocan la tierra, son los destellos que ves en el cielo; los segundos sí tocan la tierra y pueden alcanzar árboles o personas.

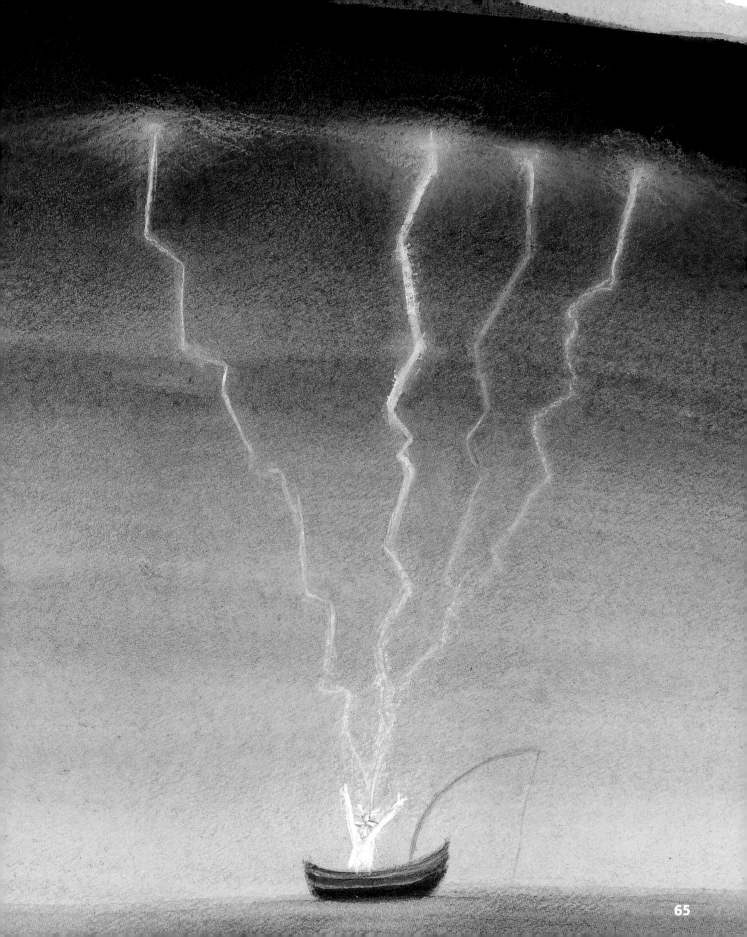

ATMÓSFERA – TORMENTA DE NIEVE

LO PEOR La peor tormenta de nieve en la historia ocurrió en Irán, del 3 al 8 de febrero de 1972. Parte del país quedó cubierto por una capa que alcanzó los 8 metros en algunos lugares. Unos 170 000 kilómetros cuadrados quedaron enterrados bajo la nieve durante 1 semana entera. Desaparecieron 200 aldeas y fallecieron 4000 personas.

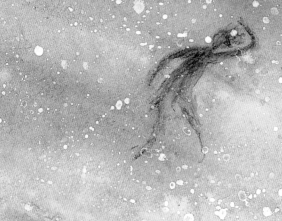

¿SABÍAS QUE...?

- Si cae nieve en combinación con un viento de fuerza 6 o 7, se denomina tormenta de nieve. Con un viento de fuerza 8, se conoce como ventisca. Cuando el viento sopla a ras del suelo, se llama ventisca baja.
- En una ventisca, el viento puede ser tan fuerte como el de un huracán.
- En una tormenta severa pueden caer hasta 39 000 000 000 de kilos de nieve. Una tormenta así contiene la energía de 120 bombas atómicas.
- La tormenta de nieve más prolongada en la Tierra ocurre en la Antártida: simplemente nunca se detiene.
- Los habitantes de Syracuse, una ciudad estadounidense, estaban tan cansados de la nieve que el municipio declaró ilegales las nevadas antes de Navidad. No sirvió de nada.
- Los copos de nieve parecen blancos, pero en realidad carecen de color. Los vemos así por la luz que reflejan.
- El copo de nieve más grande del que se tenga registro midió 38 centímetros de diámetro y 20 centímetros de ancho. Cayó en Montana, EE. UU., en 1887.

¿QUÉ HACER?

- Ten a la mano un radio de pilas y escucha los informes de noticias.
- Quédate dentro de un lugar. Podría haber un corte de energía.
- Ponte ropa suelta y ligera; muchas capas, una encima de la otra.
- Verifica que todas las mascotas estén adentro.
- Abre el grifo para que gotee y así evitar que se congele el agua.
- No ajustes la calefacción a una temperatura más baja durante la noche.
- Si quedas atrapado en una tormenta de nieve al aire libre, debes comer y beber lo suficiente. No consumas nieve, ya que esto te enfriará. Mantente en movimiento e intenta estar alejado del viento.
- Si es indispensable que manejes un auto durante una tormenta de nieve, siempre lleva lo siguiente: ropa abrigada, agua, comida, cobijas, cables de inicio, teléfonos celulares con carga completa, cuerdas y velas.

▶ Vuelve a leer el capítulo sobre "Hipotermia".

ATMÓSFERA - OLA DE CALOR

LO PEOR Se podría pensar que las peores olas de calor se producen en países cálidos, pero una de las más fuertes ocurrió en Europa en 2003. Ese verano, más de 70 000 personas murieron a causa del calor, en su mayoría, personas mayores.

Francia fue la más golpeada. Allí no estaban acostumbrados a tales temperaturas (en agosto de ese año alcanzaron más de 40 grados centígrados durante 8 días seguidos), y la mayoría de los lugares no tenían aire acondicionado. Murieron tantas personas en ese periodo que los servicios funerarios en París usaron una bodega refrigerada para depositar a las víctimas hasta que pudieran ser identificadas.

¿SABÍAS QUE...?

- Una ola de calor suele presentarse cuando hay alta presión en un área durante un periodo de tiempo prolongado. La alta presión evita que el calor se eleve desde la superficie terrestre. Y si el aire caliente no se eleva, no se forma lluvia y el aire se calienta cada vez más.
- En los Países Bajos y Bélgica, se considera que hay una ola de calor cuando se han presentado temperaturas superiores a 25 grados centígrados durante 5 días consecutivos; de los cuales, en tres, hay temperaturas superiores a 30 grados centígrados.
- El tercer día de una ola de calor es el más peligroso: es cuando las personas que tienen problemas para soportar calor comienzan a verse afectadas.
- Durante una ola de calor, por lo general hace más calor en la ciudad que en el campo. Esto se debe al "efecto de isla de calor urbana": las construcciones y las calles absorben la energía solar, lo cual agrega calor al área.
- Por lo general, las plantas filtran todo tipo de sustancias del aire que son nocivas para nosotros, como el ozono. Pero si el aire se calienta mucho, las plantas cierran sus poros para retener la humedad y dejan de realizar su función de filtrado. Por esto, puedes tener problemas para respirar y puedes comenzar a sentir comezón en los ojos.

¿QUÉ HACER?

- Ponte ropa suelta de colores claros. La ropa oscura absorbe el calor.
- Toma de 2 a 3 litros de agua al día, incluso si no tienes sed.
- No comas porciones grandes, sino porciones más pequeñas, con mayor frecuencia, a lo largo del día.
- ¿No hay aire acondicionado o un ventilador en casa? Entonces es mejor pasar la parte más calurosa del día, entre el mediodía y las cuatro de la tarde, en lugares grandes, que a menudo son más fríos.
- Haz todo un poco más lento de lo habitual. No practiques deportes ni hagas ejercicio. Si de verdad necesitas salir, cúbrete la cabeza y mantente a la sombra lo que más puedas.
- Cierra las cortinas de las ventanas donde da el sol. ¿Hace más frío adentro que afuera? Entonces mantén las ventanas cerradas. Pero si hace más calor adentro que afuera, abre las ventanas de par en par.
- Nunca permanezcas dentro de un auto que está caliente ni dejes a tu mascota allí.
- No pases del calor extremo afuera al frío extremo dentro de un lugar, o viceversa.
- Cuida de las personas y animales que estén cerca de ti. Asegúrate de que las personas mayores, los niños pequeños y las personas con sobrepeso consuman suficientes líquidos, pero sin alcohol, ya que este extrae el agua del cuerpo.

ATMÓSFERA - SEQUÍA

LO PEOR De 1876 a 1878, la falta de lluvia en China y la India causó hambrunas masivas. Entre 9 000 000 y 13 000 000 de personas murieron en China, y 5 000 000 murieron en la India.

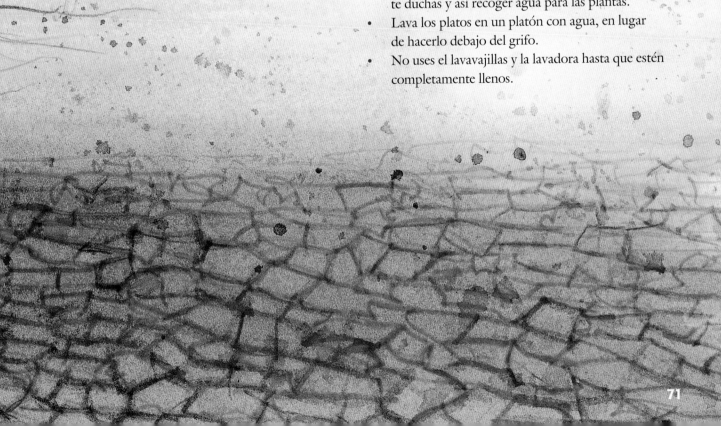

¿SABÍAS QUE...?

- Hay 4 tipos de sequía:
  1. SEQUÍA METEOROLÓGICA (falta de lluvia)
  2. SEQUÍA AGRÍCOLA (falta de humedad en el suelo)
  3. SEQUÍA HIDROLÓGICA (bajos niveles de agua en lagos y embalses)
  4. SEQUÍA SOCIOECONÓMICA (falta de agua potable y agua corriente)
- Una causa importante de la sequía prolongada es el fenómeno conocido como El Niño: debido al calentamiento de los océanos, el aire húmedo se desplaza a áreas donde siempre llueve mucho, mientras que no llueve en las zonas que más lo necesitan.

- La mayoría de las sequías ocurren en África, especialmente en el Cuerno de África, así como en Afganistán, China, la India, Irán y Marruecos.
- Se esperan sequías más largas y en mayor cantidad a causa del cambio climático.
- Los diferentes tipos de cultivos de alimentos requieren diferentes cantidades de agua para crecer: una sola nuez requiere más de 18 litros de agua, medio kilo de papas necesita 125 litros, medio kilo de arroz requiere 1700 litros y medio kilo de carne necesita 6800 litros.
- Solo el 0.003 % del agua en la Tierra es potable.

¿QUÉ HACER?

- Nunca tires el agua, úsala, por ejemplo, para regar las plantas.
- Siempre repara un grifo que gotee.
- Reduce el tiempo de la ducha al mínimo y nunca dejes el grifo abierto de forma innecesaria (por ejemplo, al cepillarte los dientes).
- Puedes poner un balde de agua a tu lado mientras te duchas y así recoger agua para las plantas.
- Lava los platos en un platón con agua, en lugar de hacerlo debajo del grifo.
- No uses el lavavajillas y la lavadora hasta que estén completamente llenos.

ATMÓSFERA — TORNADO

LO PEOR El 26 de abril de 1989 ocurrió un tornado en Manikganj, Bangladés. El tornado Daulatpur-Saturia, llamado así por las ciudades que devastó, se extendió por 1.5 kilómetros a la redonda y recorrió no menos de 80 kilómetros. Unas 1300 personas fallecieron, otras 12 000 resultaron heridas y 80 000 quedaron sin hogar. Cerca de la mitad de las muertes por tornados en el mundo ocurren en Bangladés.

- Un tornado es un torbellino que se forma en la superficie terrestre. Por lo general no rebasa los 500 metros de ancho y no suele desplazarse más de 20 kilómetros.
- Un tornado sobre el agua se llama tromba marina. Aunque un viento de tornado no suele girar a más de 160 kilómetros por hora, puede alcanzar velocidades de hasta 480 kilómetros por hora.
- Los tornados pueden formarse en cualquier parte de la Tierra.
- La mayoría de los tornados (y los más fuertes) ocurren en Estados Unidos: en promedio, 1274 al año. Las zonas donde se forman con mayor frecuencia, en el centro del continente, se conocen como Tornado Alley (Callejón de los tornados).
- La mayoría de los tornados se forman entre las tres de la tarde y las nueve de la noche.
- Un tornado succionó a un chico estadounidense de 19 años, llamado Matt Suter, de una casa rodante, quien luego cayó en un campo casi a 400 metros. Solo sufrió heridas leves.
- En el hemisferio sur, un tornado por lo general gira en el sentido de las manecillas del reloj, y en el hemisferio norte, suele hacerlo en sentido contrario.
- Algunos tornados son invisibles; solo puedes verlos si levantan arena, polvo u otros objetos.

¿QUÉ HACER?
SI UN TORNADO SE ACERCA:

- Ten a la mano un radio y escucha los informes de noticias.
- No esperes hasta que puedas ver el tornado.
- Refúgiate en el sótano, si es posible, o en una habitación o corredor sin ventanas, en el piso más bajo del lugar. Lleva a tus mascotas contigo.
- Mantente alejado de muebles pesados o cosas que puedan caerte en la cabeza.
- Ponte en posición fetal, con la cabeza hacia la pared, y protege tu cabeza y cuello con los brazos.
- Si estás afuera, busca el lugar más bajo posible (una zanja, un agujero en el suelo); acuéstate en el suelo y cubre tu cabeza con los brazos.
- Las caravanas, las casas rodantes y los autos no son un refugio seguro. Pero si no puedes salir, ponte en posición fetal por debajo del nivel de las ventanas y cubre tu cabeza con los brazos y una cobija, si es posible.

ATMÓSFERA - HURACÁN

LO PEOR El 8 de noviembre de 1970 se formó un huracán en la bahía de Bengala que azotó a Pakistán Oriental (ahora Bangladés), con vientos que alcanzaron una velocidad de hasta 185 kilómetros por hora. El huracán creó una marejada ciclónica que fue la causante de la mayoría de las muertes. Con todo, el ciclón Bhola (este fue el nombre que se le dio) acabó con la vida de unas 500 000 personas.

¿SABÍAS QUE…?

- Un huracán es una tormenta tropical que se forma en el mar.
- El ojo del huracán (en el centro de la tormenta, el cual es calmo) por lo general tiene un diámetro de entre 30 y 50 kilómetros. Alrededor de este ojo, los vientos forman una tormenta que gira con velocidades de entre 120 y 250 kilómetros por hora.
- Un huracán puede tener cientos de kilómetros de ancho.
- Los huracanes solo se forman en áreas entre 8 y 15 grados de latitud al norte y al sur del ecuador.
- Desde 1953, todos los huracanes reciben un nombre. Estos comienzan con una "a" si se dan al inicio del año, y se avanza por el alfabeto a medida que continúa el año. Hasta 1978, los huracanes solo recibían nombres femeninos.
- Los nombres se pueden reutilizar cada 6 años, pero si un huracán fue particularmente destructivo, como Katrina, Mitch, Sandy y Andrew, este nombre ya no puede usarse y se elimina de la lista.
- Los huracanes se denominan tifones si ocurren en el océano Pacífico y ciclones si se forman en el océano Índico.
- La temporada de huracanes se extiende desde mediados de mayo hasta finales de noviembre.
- Un huracán es el fenómeno natural más destructivo. En promedio, cada año, mueren 10 000 personas por su causa.
- Según la NASA, en promedio, el número de huracanes es de 85 por año, pero muchos de estos nunca tocan tierra.
- En Júpiter ha estado en movimiento un huracán más grande que el planeta Tierra, ¡por más de 300 años!
- Es probable que el cambio climático provoque huracanes cada vez más potentes.

¿QUÉ HACER?

- Ten un radio de pilas y escucha los informes de noticias.
- Entra todo lo que pueda salir volando. También lleva adentro a las mascotas.
- Cierra todas las puertas y ventanas, cierra las cortinas o sella las ventanas desde el exterior.
- Verifica que tengan en casa suficientes alimentos no perecederos y botellas de agua (para 3 días).
- Mantén una linterna y pilas al alcance en caso de que haya un corte de energía.
- Si el huracán golpea tu casa: mantente alejado de las ventanas y de los objetos que puedan caerse. Acuéstate debajo de una mesa, si es posible.
- Nunca te refugies en una caravana, una casa rodante o un auto.
- No salgas de casa hasta que se haya confirmado que es seguro hacerlo. En el ojo del huracán, todo es tranquilo y parece seguro, pero ¡no pasará mucho tiempo antes de que vuelva la tormenta!

FUEGO - INCENDIO URBANO

LO PEOR El 1 de septiembre de 1923, justo cuando la gente estaba preparando sus alimentos en los fogones, ocurrió un terremoto en Tokio, Japón. Una gran cantidad de pequeños incendios pronto desataron grandes incendios en toda la ciudad. Algunos se convirtieron en una tormenta de fuego e incluso causaron un tornado de fuego. El calor era tal que el asfalto se derritió, esto hizo que las personas quedaran atrapadas y se quemaran vivas. La mayoría de las muertes después del terremoto fueron causadas por los incendios.

¿SABÍAS QUE...?

- El fuego siempre necesita de 3 elementos: combustible, oxígeno y calor. Sin alguno de ellos, es imposible que surja.
- Solo hay incendios en la Tierra. No hay suficiente oxígeno en otras partes del universo.
- Cuanto más oxígeno alimenta el fuego, más calor hace.
- Por lo general es posible saber qué tan caliente es el fuego por el color de las llamas: el calor muestra los mismos colores que el arcoíris. El rojo es el "más frío" (500-800 grados centígrados), el blanco violeta es el más caliente (más de 1600 grados centígrados). El subnitruro de carbono puede causar la llama más caliente de todas: 4987 grados centígrados.
- La mayoría de los incendios domésticos son generados por actividades de cocina.
- La mayoría de las muertes por incendios domésticos son causadas por cigarrillos (por ejemplo, cuando se fuma en la cama).
- Alrededor de 265 000 personas mueren por quemaduras cada año.
- Este libro (y otro papel) se puede encender de forma espontánea en condiciones de calor de 233 grados centígrados.
- Nadie sabe quién inventó el hidrante. La patente se perdió... ¡en un incendio!
- En 1900, la lucha contra incendios era un deporte olímpico.

- Sal de la casa junto con las personas con quien vivas y llama al teléfono de emergencias.
- No uses el ascensor, solo las escaleras.
- El humo se eleva, así que es mejor permanecer lo más bajo posible (arrastrarse por el piso) si el lugar se llena de humo. Cierra las puertas y ventanas a medida que las atraviesas.
- Si una puerta se siente caliente, podría haber un incendio al otro lado. No la abras, busca otra salida.

SI NO PUEDES SALIR DE UN LUGAR A CAUSA DE LAS LLAMAS:

- Mantén la puerta cerrada.
- Llama al teléfono de emergencias.
- Bloquea la rendija debajo de la puerta con una toalla húmeda.
- Abre la ventana e intenta atraer la atención de las personas.

SI EL FUEGO ALCANZA TU ROPA:

- No te muevas. Las llamas crecerán si corres.
- Acuéstate en el suelo y gira hacia un lado y hacia el otro para extinguir las llamas.
- ¡Empápate la ropa con agua, salta a un estanque o una cuneta si es posible! O usa una manta contra incendios para sofocar las llamas.

▶ Vuelve a leer el capítulo "Quemaduras".

¿QUÉ HACER?
ANTES DE QUE OCURRA UN INCENDIO:

- Instala una alarma de humo en tu hogar.
- Ten un extintor de fuego o una manta contra incendios en tu hogar.
- Determina cuáles son las mejores rutas de escape.
- Acuerda un lugar de encuentro con las personas con quien vives.

SI HAY UN INCENDIO:

- Grita "¡Fuego!" tan fuerte como puedas, si hay otras personas en la casa.

FUEGO - INCENDIO FORESTAL

LO PEOR El clima estuvo seco durante el verano de 1871, y todos en la ciudad de Peshtigo (Wisconsin, EE. UU.) se habían acostumbrado a los pequeños incendios. Quizá por esto los habitantes quedaron estupefactos cuando, el 8 de octubre, un muro de fuego cayó sobre ellos. El fuego alcanzó 1.5 kilómetros de altura y 8 kilómetros de ancho, sobrepasó los 1000 grados centígrados y se desplazó a una velocidad de 150 kilómetros por hora. El fuego era tan abrasador que las personas que saltaron al río murieron por las altas temperaturas del agua. Quedaron destruidos más de 5000 kilómetros cuadrados de tierra y fallecieron 2500 personas.

¿SABÍAS QUE...?

- Cada año se producen entre 50 000 y 100 000 incendios forestales en todo el mundo.
- Cada año, cerca de 3 500 000 kilómetros cuadrados de áreas naturales quedan convertidos en cenizas.
- Hay 3 tipos de incendios forestales:
  1. DE SUBSUELO: fuego en la capa subterránea
  2. DE SUPERFICIE: fuego en el sotobosque (hojarasca, matorrales, arbustos)
  3. DE COPAS: fuego en las copas de los árboles
- Más del 80 % de los incendios forestales son causados por los humanos; por ejemplo, por una colilla de cigarrillo o una fogata que no se apagó por completo.

- En Australia, no menos del 50 % de los incendios forestales son provocados de forma deliberada o "bajo circunstancias sospechosas".
- Los rayos son una causa significativa de incendios forestales: de cada 100 000 rayos que caen cada día, del 10 al 20 % producen incendios forestales (grandes o pequeños).
- Los incendios forestales se desplazan más rápido cuesta arriba que cuesta abajo.
- Se prevé que el cambio climático cause más incendios forestales, especialmente en Australia, Europa y América del Norte.

¿QUÉ HACER?
SI VES HUMO EN UN ÁREA NATURAL:

- Llama al teléfono de emergencias.
- Comienza a desplazarte en la dirección opuesta lo más rápido posible.
- Avisa a todas las personas que veas y timbra en las casas cercanas.

¿HAY UN INCENDIO FORESTAL
EN DIRECCIÓN A TU CASA?

- Ten a la mano un radio y escucha los informes de noticias para saber si necesitas evacuar.
- Lleva a tus mascotas adentro.
- Cierra todas las puertas y ventanas para evitar que entre el humo.
- Verifica dónde están todos en la casa, para que puedan salir rápidamente si es necesario. Acuerda un punto de encuentro con las personas con quien vives.
- ¿Estás en un auto? Configura el aire acondicionado en el modo de recirculación, no en el de aire fresco.

FUEGO - ERUPCIÓN VOLCÁNICA

LO PEOR La erupción volcánica más letal que se ha registrado ocurrió en 1815, en la isla de Sumbawa, Indonesia. La erupción del volcán Tambora, el 10 de abril, empujó a la isla varios metros sobre el nivel del mar en algunos lugares. El reino de Tambora fue sepultado bajo una capa de cenizas de 1.5 a 10 metros de profundidad. La erupción y el tsunami que le siguió acabaron con la vida de 92 000 personas.

Toda la ceniza que fue a parar a la estratosfera impidió el paso de los rayos del sol, por lo cual no hubo verano al año siguiente: las cosechas se perdieron y es probable que otras 100 000 personas hayan muerto de hambre.

¿SABÍAS QUE...?

- Un volcán es un lugar donde la superficie terrestre tiene una conexión con la roca fundida que se encuentra debajo, a una profundidad de alrededor de 30 kilómetros. Mientras está dentro de la tierra, esta roca fundida se llama magma. Cuando el volcán entra en erupción y el magma sale, se denomina lava.
- La palabra *volcán* proviene del latín *vulcanus*, que significa "montaña en llamas".
- Un volcán puede emerger muy rápido: el volcán Paricutín, en México, emergió en solo una noche, y en una semana ya tenía 100 metros de altura.
- Las cenizas de un volcán contienen diferentes sustancias venenosas y pueden causar dificultades respiratorias, molestias oculares y enfermedades pulmonares.
- Cuando un volcán hace erupción, no solo arroja lava y cenizas, sino que también puede generar terremotos, tsunamis, inundaciones, derrumbes y flujos de lodo.
- Existen al menos 1500 volcanes activos en todo el mundo. En cada minuto del día, unos 20 están en actividad eruptiva, tres cuartas partes de los cuales se encuentran bajo el mar.

- La lava tiene una temperatura de entre 700 y 1 600 grados centígrados.
- La piedra pómez, que es una roca volcánica, es el único tipo de roca que puede flotar.
- Los supervolcanes hacen erupción aproximadamente una vez cada 100 000 años y pueden causar una Edad de Hielo, ya que las grandes cantidades de cenizas que alcanzan la estratosfera bloquean el Sol.

¿QUÉ HACER?
SI VIVES CERCA DE UN VOLCÁN ACTIVO:

- Siempre ten un kit de supervivencia completamente listo para usar (ver pág. 53).
- Debes saber cómo escapar lo más rápido posible en caso de que necesites evacuar.

DURANTE UNA ERUPCIÓN:

- Ten a la mano un radio y escucha las noticias para saber si necesitas evacuar.
- Cierra todas las puertas y ventanas.
- Cúbrete la boca y la nariz con un tapabocas o una tela para que no inhales cenizas.
- Si estás afuera: dirígete a un terreno más alto y protege tu cabeza y ojos de las cenizas y las piedras que caen.
- En cuanto cese la lluvia de ceniza: limpia las superficies donde haya caído ceniza, incluso en las plantas.
- Lava todo lo que esté a tu alrededor para que no inhales o ingieras cenizas.

PERSONAS - ATAQUE

LO PEOR En 1793, el político revolucionario Robespierre llegó al poder en Francia. En solo unos meses, 40 000 personas que se oponían al régimen revolucionario fueron asesinadas, de las cuales al menos 16 594 fueron decapitadas en la guillotina.

Un periodista inglés describió las acciones de Robespierre como "terrorismo" y al Gobierno francés como "terrorista". Todavía usamos estos términos para referirnos a las personas que intentan salirse con la suya sembrando miedo.

¿SABÍAS QUE...?

- El pánico causado por un ataque a menudo causa más daño que el ataque mismo. Después del ataque al World Trade Center, en Nueva York, en 2001, muchas personas tuvieron miedo de viajar en avión y prefirieron viajar en auto. Esto hizo que la cantidad de muertes en accidentes de tránsito sobrepasara el número de víctimas en el WTC.
- La mayoría de los ataques tienen lugar en países no occidentales. Los 10 principales países en términos de número de ataques son, en orden decreciente, Irak, Pakistán, Afganistán, la India, Nigeria, Somalia, Yemen, Siria, Sri Lanka y Tailandia.
- Solo el 2.6 % de las muertes, debido a un ataque, ocurre en Occidente.
- La mayoría de los ataques en los países occidentales los cometen personas nacidas y criadas allí. El 90 % de estos son cometidos por solo 1 o 2 personas, más que por grupos. Y la mayoría de los perpetradores (no menos del 67 %) no tienen motivaciones religiosas sino políticas. Un ejemplo de esto es Anders Breivik, quien mató a 77 personas en Noruega, en 2011, en un intento por provocar la caída del Partido Laborista.
- La probabilidad de perecer en un ataque es de 1 en 20 000 000. Esta es la misma probabilidad que tiene una persona de morir porque un mueble le caiga en la cabeza.

¿QUÉ HACER?
SI VES PERSONAS CON ARMAS
QUE SE APROXIMAN HACIA TI:

- Si puedes escapar, hazlo lo más rápido que puedas. Es más aconsejable que acostarse en el suelo.
- Deja todas tus pertenencias para que puedas moverte lo más rápido posible.
- ¿Estás en otra habitación? Pon una barricada en la puerta y cambia tu teléfono celular a modo silencioso. Apaga las luces.

- Intenta refugiarte detrás de una pared sólida; no te escondas detrás de una puerta o ventana, pues las balas pueden penetrarlas con facilidad.
- No intentes ver si el atacante todavía está cerca. Si puedes verlo, entonces él puede verte a ti.
- Si puedes: **llama al teléfono de emergencias** y di dónde te encuentras, cuántos atacantes hay y qué armas llevan.
- Si logras salir del lugar, avisa a todos los que veas.

PERSONAS – DESASTRE NUCLEAR

LO PEOR El 26 de abril de 1986 explotó una planta nuclear en Chernóbil, Ucrania. La nube radiactiva contaminó un área de 100 000 kilómetros cuadrados, una zona con una población de 5 000 000 de personas. La cantidad de radiación liberada fue 100 veces la que liberaron las 2 bombas atómicas lanzadas sobre Japón en 1945. Se registró la presencia de lluvia radiactiva en lugares tan lejanos como Gales, Gran Bretaña. Menos de 100 personas perdieron la vida a causa de la explosión, pero la radiación sigue teniendo un gran impacto hasta hoy. La gente aún muere de cáncer de tiroides causado por este desastre nuclear y, después de 30 años, una décima parte de todos los jabalíes en Alemania todavía son demasiado radiactivos para ser aptos para el consumo.

¿SABÍAS QUE...?

- La tecnología nuclear se utiliza en una amplia variedad de instituciones: hospitales, universidades e institutos de investigación científica, en casi todos los sectores de la industria (desde alimentos hasta armas) y, por supuesto, en centrales nucleares.
- Las 2 bombas atómicas que Estados Unidos arrojó sobre Japón en 1945 causaron el primer desastre nuclear y cobraron 200 000 vidas.
- La radiación nuclear tiene un efecto en el ADN. Después de Chernóbil nacieron el doble de niños con algún tipo de defecto. Tales defectos también se han encontrado en toda clase de especies animales.
- En la actualidad existen más de 400 centrales nucleares que producen el 6 % de la energía y el 14 % de la electricidad en todo el mundo.

- Después de un desastre nuclear, puedes eliminar el 90 % de las partículas radiactivas al quitarte la ropa.
- El lago Karachai, en Rusia, se utilizó como vertedero de desechos radiactivos. Es el lugar más contaminado de la Tierra: estar de pie en la orilla durante 1 hora es suficiente para absorber una dosis letal de radiación.
- El tabaco contiene polonio-210, por lo que alguien que fuma una cajetilla de cigarrillos al día absorbe tanta radiación por año como si le tomaran 200 radiografías de los pulmones.
- Todavía no se ha encontrado una solución adecuada para los desechos radiactivos.

¿QUÉ HACER?

- Asegúrate de tener siempre un kit de emergencia equipado y listo para usar (ver pág. 51).
- Entra a la casa, lleva a tus mascotas contigo, cierra todas las puertas y ventanas y apaga el aire acondicionado.
- Si es posible, quédate en una habitación sin ventanas.
- Ten a la mano un radio y escucha los informes de noticias.
- Si es posible, ten a la mano un teléfono celular con un cargador manual.
- Quédate adentro el mayor tiempo posible.

PERSONAS –
DESASTRE INDUSTRIAL

LO PEOR En la noche del 3 de diciembre de 1984, la planta de Union Carbide en Bhopal, India, donde se fabricaban pesticidas químicos, lanzó una nube de veneno que mató al instante a 3787 personas e hirió a casi 560 000. En los siguientes meses se reportaron otras 12 000 muertes. Pero el desastre no terminó ahí: hasta el día de hoy, las personas continúan enfermándose y muriendo debido a infecciones respiratorias; insuficiencia cardiaca y cáncer. Ahora, una tercera generación de niños está naciendo con graves defectos mentales y físicos.

¿SABÍAS QUE...?

- Los desastres industriales pueden adoptar diversas formas: desde explosiones hasta fugas en fábricas, vertido (ilegal) de desechos industriales, derrames de petróleo, contaminación de los océanos por plástico y uso de armas químicas.
- Por fortuna, la cantidad de derrames de petróleo causados por buques cisterna ha disminuido de forma considerable. El año pasado, se derramaron 8 000 000 de litros; mientras que en la década de 1970, esa cifra era, en promedio, de 312 000 000 de litros al año.
- Tres cuartas partes de los desastres industriales ocurren en Asia. Casi a diario se presenta un desastre industrial en China. Esto no se debe solo a las condiciones de trabajo en ese país, sino también a que Occidente subcontrata los trabajos más peligrosos principalmente en China.

- Cada año, la industria global libera 10 000 000 000 de kilos de sustancias químicas tóxicas en la naturaleza. Se ha demostrado que 2 000 000 000 de kilos de estas sustancias producen cáncer.
- Cada año, los seres humanos arrojamos 400 000 000 000 de kilos de desechos peligrosos.
- El centro de desechos electrónicos más grande del mundo está en Guiyu, China. El 88 % de los niños que viven allí sufren de envenenamiento por plomo.
- Cada año, 5 500 000 personas mueren a causa de la contaminación del aire.
- El uso de pesticidas causa 220 000 muertes cada año.

¿QUÉ HACER?
SI UNA NUBE TÓXICA VIENE
EN TU DIRECCIÓN:

- Asegúrate de tener siempre un kit de emergencia equipado y listo para usar (ver pág. 51).
- Entra a la casa y lleva a tus mascotas contigo.
- Cierra todas las puertas y ventanas, apaga el aire acondicionado y cierra todas las rejillas de ventilación.
- Ten a la mano un radio de pilas y escucha los informes de noticias.
- No enciendas ninguna llama ni permitas que nadie fume.

CUIDA TU MEDIO AMBIENTE:

- Produce la menor cantidad de desperdicios posible.
- Deshazte de los residuos de manera adecuada.

PERSONAS - GUERRA

LO PEOR La Segunda Guerra Mundial cobró la mayor cantidad de vidas: entre 40 000 000 y 72 000 000. Participaron más de 30 países y se enviaron a más de 100 000 000 de soldados a varios frentes.

¿SABÍAS QUE...?

- Desde el año 3 600 a. C., alrededor de 4 000 000 000 de personas han muerto a causa de unas 14 000 grandes guerras.
- La guerra más corta de la historia duró 38 minutos. Así de rápido se rindió Zanzíbar a Gran Bretaña en 1896.
- En los últimos 3400 años, la paz ha reinado en todo el planeta durante solo 268 años.
- La mayoría de las guerras se han llevado a cabo por razones económicas: para adquirir una mayor riqueza. Otros motivos han sido la religión, el deseo de venganza y la conquista de territorio.
- Muchos países se involucran en una guerra, ya sea de manera directa o indirecta. En 2017, por ejemplo, solo 10 países en el mundo no participaron en una guerra de alguna manera.
- De cada 122 personas en el mundo, una huye de la guerra o la persecución. Esto significa que hay 42 500 nuevos refugiados cada día.

- La mitad de todos los refugiados son niños.
- Las guerras siguen cobrando vidas después del cese de hostilidades. Todavía hay 110 000 000 de minas terrestres dispersas en el mundo, las cuales matan o hieren a una persona cada 15 minutos.
- Al menos 250 000 niños soldado están involucrados en una guerra, en algún lugar del mundo.

¿QUÉ HACER?

- Escucha la radio y haz lo que las autoridades te indiquen. No hagas caso a los rumores.
- Ayuda a tus padres a hacer que tu casa sea lo más autosuficiente posible. Por ejemplo, podrían instalar paneles solares para asegurar el suministro de energía en caso de que corten la electricidad o el gas.
- Asegúrate de tener un kit de emergencia listo para usar (ver pág. 51).
- Lee atentamente los capítulos "Desastre nuclear" (en caso de que se use un arma atómica) y "Ataque".
- Intenta continuar con tu vida normal lo mejor que puedas.

PERSONAS - EPIDEMIAS

LO PEOR Entre el año 541 y 542, la plaga de Justiniano cobró la vida de 100 000 000 de personas, casi la mitad de la población mundial en ese momento. Esta forma de peste bubónica fue transmitida por las pulgas que transportaban las ratas. La enfermedad se originó en Egipto, pero se propagó por el mundo debido a las ratas que estaban a bordo de los barcos.

La gente culpó al emperador romano Justiniano por el brote de esta enfermedad. Creían que estaba siendo castigado por Dios y que quizá él era el mismísimo demonio. Por esta razón, la llamaron la plaga de Justiniano. Al mundo le tomó 225 años deshacerse de esta enfermedad.

¿SABÍAS QUE...?

- Una epidemia es una enfermedad infecciosa o viral que se propaga rápidamente entre un gran número de personas dentro de una región geográfica determinada. Cuando una epidemia se extiende más allá de dicha región, se denomina pandemia.

- Entre 1346 y 1350, la enfermedad conocida como peste negra acabó con la vida de cerca de 50 000 000 de personas: el 60 % de la población europea fue aniquilada.

- La primera pandemia oficial ocurrió en 1918: la gripe española. 75 000 000 de personas murieron por su causa.

- La epidemia más inusual sucedió en 1962, en Tanganica (la actual Tanzania). Los niños en una escuela comenzaron a reír sin parar e infectaron a otros niños. En consecuencia, 14 escuelas tuvieron que cerrar y 1000 niños no pudieron dejar de reír. La risa más corta duró varias horas, la más larga duró 16 días. Finalmente, la epidemia se extinguió.
- La forma más común de epidemia es la gripe. Cada año, el mundo se ve afectado por diversas formas de gripe, que cobran entre 250 000 y 500 000 vidas.

¿QUÉ HACER?

- Escucha la radio para entender qué tipo de epidemia es.
- Verifica que en casa haya suficientes alimentos y bebidas por si llegas a enfermarte.
- Piensa en las personas en tu área que podrían estar solas y necesitar de tu ayuda.
- Si la enfermedad se transmite por aire, debes usar un tapabocas.
- No te acerques demasiado a las personas que están enfermas.
- Si estás enfermo, es mejor quedarte en casa y no ir a la escuela, las tiendas o el trabajo.
- Cúbrete la boca al toser, y la boca y la nariz al estornudar.
- Evita tocarte los ojos, la nariz y la boca con frecuencia.
- Lávate las manos regularmente con jabón antibacteriano.
- Duerme bien, haz suficiente ejercicio y come alimentos saludables.

DESASTRES REMOTOS

¿QUÉ PUEDES HACER?

Lo vemos en nuestras pantallas y lo leemos en los periódicos: guerra, hambruna, inundaciones, crisis de refugiados y muchos más desastres. Un desastre podría estar sucediendo al otro lado del mundo; aun así, hay mucho por hacer. Te presentamos algunos ejemplos (y tal vez puedas pensar en otros más):

RECOLECTAR DINERO

Cada vez que ocurre un desastre, las personas afectadas siempre necesitan ayuda económica para reconstruir sus vidas. Puedes recolectar dinero de muchas maneras, pero es probable que sea más efectivo si lo haces con tus amigos, tus compañeros de clase o de tu club deportivo, o tal vez con todo el colegio. Podrías organizar:

- un mercado de las pulgas, donde la gente pueda vender lo que ya no necesita o usa en casa
- un evento deportivo en el que la gente pueda patrocinar a los participantes por cada vuelta que corran, cada baile que hagan, cada punto que anote su equipo, etc.
- una venta callejera de galletas y pasteles caseros;
- una feria de arte donde la gente pueda vender sus propias creaciones: tarjetas, pinturas, velas, cuadernos, etc.
- realizar trabajos ocasionales en el barrio a cambio de una donación

- una lotería, una subasta o una rifa (puedes usar parte del dinero recaudado como premio en efectivo)
- un servicio de lavado de autos en el parqueadero del colegio
- una actuación (teatro, música, narración de cuentos) donde se done el costo de la entrada

Consejo: averigua si puedes trabajar con emisoras locales de radio o televisión y haz uso de internet. Promueve la campaña a través de Facebook, Twitter, Instagram o cualquier otro medio y pide a las personas que te ayuden a ayudar a otros.

RECOLECTAR DONACIONES

Las personas que han perdido su hogar por lo general necesitan muchas cosas. Tú puedes ayudar a recolectar lo que necesitan, pero antes de hacerlo, averigua qué se requiere y dónde puedes entregarlo.

- Haz un volante en el que informes a las personas qué productos se necesitan y qué día pasarás a recogerlos. Reparte los volantes puerta a puerta. También puedes concertar con una tienda en tu barrio o en tu colegio para que la gente pueda dejar sus donaciones allí hasta una fecha determinada.
- Comida: organiza una colecta de alimentos enlatados con la ayuda de los supermercados locales. La gente podrá traer latas de su casa o comprar y donarlas en el momento.
- Ropa: averigua cuáles son las condiciones climáticas en la región afectada y organiza una colecta de ropa.

AYUDA A LOS REFUGIADOS QUE ESTÁN EN TU BARRIO

Haz que los refugiados se sientan bienvenidos en tu barrio. Una buena idea es llevarles cosas para sus hijos; por ejemplo, podrías poner algunos juguetes o materiales de dibujo en una caja y decorarla. También puedes ofrecer tus servicios como voluntario.

ADOPTA UN COLEGIO

Pregúntale a tu profesor si tu colegio puede adoptar un colegio que esté situado en el área del desastre. Luego pueden organizar mercados (u otros eventos, como los que se mencionaron antes) y así recaudar dinero para ellos.

También puedes intercambiar mensajes con uno o varios estudiantes del colegio adoptado. Así ayudas a otras personas y haces amigos al otro lado del mundo, al mismo tiempo.

Nunca olvides: ¡Puedes marcar la diferencia por tu cuenta!
(Y con la ayuda de otros, todo lo que hagas se amplificará).

Las siguientes organizaciones internacionales ofrecen asistencia en caso de desastres:

- Comité Internacional de la Cruz Roja - https://www.icrc.org/es
- Médicos sin Fronteras - https://www.msf.es/
- Unicef - https://www.unicef.org/es
- UNHCR - https://www.acnur.org/es-es/

En este libro se emplearon las familias tipográficas Buteco 44 pt, Formata 10 pt y Galliard 10pt.
Impreso en papel Propalmate de 115 gramos.

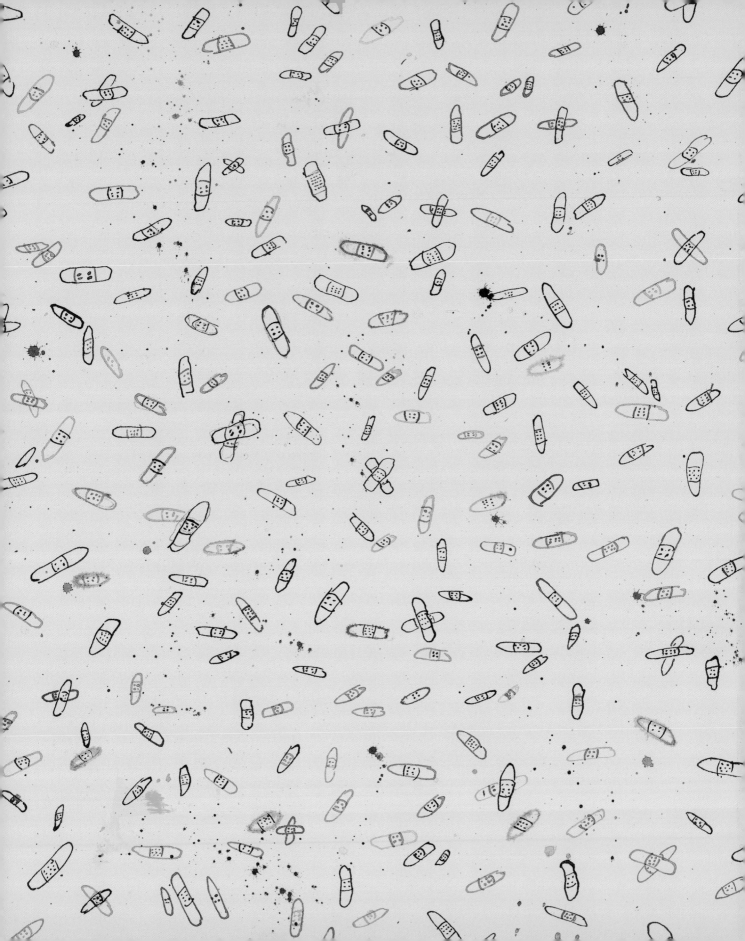